于 漪 主编

"青青子衿"传统文化书系

岁时节令

黄音 编著

山西出版传媒集团

山西教育出版社

图书在版编目（CIP）数据

岁时节令/黄音编著. —太原：山西教育出版社，2016. 5（2022. 6 重印）
（"青青子衿"传统文化书系/于漪主编）
ISBN 978-7-5440-8341-6

I. ①岁… Ⅱ. ①黄… Ⅲ. ①中华文化-通俗读物 Ⅳ. ①K203-49

中国版本图书馆 CIP 数据核字（2016）第 065499 号

岁时节令
SUISHI JIELING

责任编辑	谢笋梅
复　　审	刘晓露
终　　审	郭志强
装帧设计	薛　菲　　孟庆媛
印装监制	蔡　洁

出版发行　山西出版传媒集团·山西教育出版社
（太原市水西门街馒头巷 7 号　电话：：0351-4729801　邮编：030002）
印　　装　北京一鑫印务有限责任公司
开　　本　889×1194　1/32
印　　张　7.75
字　　数　165 千字
版　　次　2016 年 5 月第 1 版　2022 年 6 月第 2 次印刷
印　　数　8 001—11 000 册
书　　号　ISBN 978-7-5440-8341-6
定　　价　48.00 元

如发现印装质量问题，影响阅读，请与印刷厂联系调换。电话：010-61424266

序言

　　文化是民族的血脉，是人的精神家园。

　　一颗没有精神家园的心灵，就会浮游飘荡，既不可能潜心思考自己生命的意义与价值，也不可能对他人有真挚的情感关切，更不可能对社会有发自肺腑的责任感。

　　中华传统文化源远流长，其中的优秀遗产积淀着中华民族最深层的精神追求，代表着中华民族独特的精神标志，为中华民族生生不息发展壮大提供了丰厚滋养。也哺育了一代代中华优秀儿女，支撑他们成为中国的脊梁。

　　成长中的青少年认真汲取其中的精华和道德精髓，就会长智慧，明方向，增力量，懂得自己根在何处，魂在何方。经典活在时间的深处；价值追求，在文字海洋里奔腾。《"青青子衿"传统文化书系》助你发现其中蕴含的优秀文化基因，探寻当下时代的使命，让您有渴饮琼浆的快乐，醍醐灌顶的惊喜。

于漪 2015年岁末

前　言

节日是活态的文化。

一方面，早在四五千年前，我们的祖先仰观天象、俯察地情，根据物候变化的规律创立了有助于农业生产的历法。另一方面，我们的祖先继承了从原始社会以来的原始崇拜活动。这两者共同构成了中国岁时节令最基本的源起形态。前者发展为与农事活动密切相关的节气，后者则慢慢演变为反映社会生活习尚的节日。

《"青青子衿"传统文化书系·岁时节令》选取对社会生活有着重大影响的节日和一部分越出时序意义、已具有社会性的节气，扼要介绍它们的产生、演变，收选诗歌（91）篇，从中发掘中华传统节日所包含的优秀文化基因，探寻当下我们应赋予传统节日怎样的时代生命。

任何民族的传统文化都包含着两个方面：一方面是典籍文化，另一方面就是民间文化。诗歌与民俗分别代表着个体生命秩序和社会生活秩序的深层设计，于是，寻找两者共同的文化根基，将无意识的集体创造发展为有意识的文化传递成为编写本册书最重要的目标。

首先，诗歌里反复出现的意象是对民间习俗的真实写照，形成了一些节令特定的典型意象，比如元宵节的火树银花、玉漏；除夕的爆竹、屠苏等，它们不仅反映了诗人的个体生命秩序，更是对民族的典型情感、审美观念的知觉体验，并最终体现为对人的最广泛内涵的追问，包括人的生存境遇和命运、生命的追问；对人与人、人与自然关系的追问；对人类未来的追问。由此，节令诗文中的历史传统文化意义不再以潜在的沉默的状态存在，这也是文学的历史传统文化意义最顽强的表现。

其次，节令诗文深层的文化意识与节令特定的文化内涵核心内容是一致的，这就是植根于天性的道德情感和人伦情结；是人性的自然感情和原发性的内心体验；是对天伦之乐的无限向往，对"情本位"的生命追求。可见，无论是典籍文化，还是民间文化，人伦情义都是天地人和的生命指针，使社会生活与个人生命秩序得以长久地和谐统一。

中华传统节日就是培育人伦道德的沃土，是人伦教化的好载体，人伦教化重在研读、重在体悟。如果读者在阅读本书后，能被节令诗歌中多姿多彩的节令风习、丰富的历史人文内涵所吸引，进而决心徜徉于中华优秀文化的海洋，本书权当"蛤藻"又有何憾！

目 录

第一章　欢天喜地中国年

第八章 福寿绵长重阳节

第一章 欢天喜地中国年

文化典籍

元 会 诗

魏·曹 植

初岁①元祚②，吉日惟良。乃为嘉会，宴此高堂。

尊卑列序，典③而有章④。衣裳鲜洁，黼黻⑤玄黄⑥。

清醴⑦盈爵，中坐腾光⑧。珍膳杂沓⑨，充溢圆方⑩。

笙磬既设，筝瑟俱张。悲歌厉响⑪，咀嚼清商⑫。

俯视文轩⑬，仰瞻华梁⑭。愿保兹善，千载为常。

欢笑尽娱，乐哉未央⑮。皇室荣贵，寿考⑯无疆。

注释：

　　①初岁：正月。

　　②祚：福。

　　③典：礼仪制度。

　　④章：程序。

⑤黼（fǔ）黻（fú）：古代礼服上绣的华美花纹。

⑥玄黄：指丝帛衣服。玄，黑色，此处指帽子的颜色。黄，此处指衣裳的颜色。

⑦清醑：美酒。

⑧腾光：光彩浮荡的样子。

⑨杂沓（tà）：杂乱拥挤的样子。

⑩圆方：古代盛放食物的器具。

⑪厉响：高亢响亮之声。

⑫清商：乐调名。南北朝时，中原旧曲及江南吴歌、荆楚四声，统称清商。

⑬文轩：绘有彩色图案的栏板。

⑭华梁：指绘有彩色图案的屋梁。

⑮未央：未尽。

⑯寿考：年高，长寿。

【文意疏通】

正月元日是吉祥有福的好日子。（皇室）举办宴会，宴请宾客。座次排位尊卑有序，礼仪规范，流程顺畅。穿着鲜亮整洁，黑色的帽子搭配黄衣裳。酒器中盛满美酒，光彩浮荡。膳食种类繁多，装满了食器。乐器演奏已准备好，古筝都已摆放好。悲歌高亢响亮，细细品味乐调。向下看绘有彩色图案的栏板，抬头观瞻绘有彩色图案的屋梁。希望妥善保存这些建筑，千年后如往常一样。欢笑嬉戏，欢乐不尽。皇家的气派，长寿安康。

【义理揭示】

农历正月初一，古称元朔、元日、元旦、元正等，有岁首

吉日之意。自汉代以来，每逢元旦都要举行元会，君主会举行大规模的宴会，首先是进行受贺仪式，公侯大臣分别向君主敬献贺礼，二千石以上官员升殿称岁，然后共同作乐宴饮，即兴赋诗。这首诗反映的便是曹魏时期的一场盛大的正会礼。诗分三章，首章四句点明宴会的举行原因和时间，次章十二句通过繁复的物象铺陈，渲染出礼仪之庄重、宴饮之欢畅、音乐之和美，以见宴会热闹华美的场景。末章八句为诗人的颂美祝福语。诗歌采用四言句式，尤显庄重典雅。

曹植（192—232），字子建，沛国谯（今安徽省亳州市）人，三国时期曹魏著名文学家，建安文学代表人物之一。所作的《洛神赋》《白马篇》《七哀诗》等流传后世。后人因其文学上的造诣而将他与曹操、曹丕合称为"三曹"。

新　年　作

唐·刘长卿

乡心新岁切，天畔①独潸然②。

老至居人下③，春归在客④先。

岭⑤猿同旦暮，江柳共风烟。

已似长沙傅⑥，从今又几年。

注释：

①天畔：天边，指潘州南巴，即今广东茂名。

②潸（shān）然：流泪的样子。

③居人下：居官处于人家下面。

④客：诗人自指。

⑤岭：指五岭。作者时贬潘州南巴，过此岭。

⑥长沙傅：指贾谊。曾受谗被贬为长沙王太傅，这里借以自喻。

【文意疏通】

新年来临思乡之心更切，独立天边不禁热泪横流。

到了老年被贬居于人下，春归匆匆走在我的前头。

山中猿猴和我同度昏晓，江边杨柳与我共分忧愁。

我已和长沙太傅一样遭遇，这样日子须到何时才休？

【义理揭示】

诗人于唐肃宗至德三年（758）春天遭到贬谪。由原先的苏州长洲尉贬为潘州南巴尉，告别人杰地灵的鱼米之乡，来到当时荒凉的潘州一带，失落之情可想而知。据《送长洲刘少府贬南巴使牒留洪州序》记载："曩子之尉于是邦也，傲其迹而峻其政，能使纲不紊，吏不欺。夫迹傲则合不苟，政峻则物忤，故绩未书也，而谤及之，臧仓之徒得骋其媒孽，子于是竟谪为南巴尉……"足见诗人因受诽谤而获罪，失落之中不免多了些许忧愤。时值新年，本应和乐团聚，举家欢庆，却因诗人背井离乡、归家无望的境况难以实现。全诗意绪剀切，情感尤为哀伤。

刘长卿（约726—约790），字文房，宣城（今属安徽）人，唐代诗人，工诗，长于五言。

田 家 元 日

唐·孟浩然

昨夜斗①回北②，今朝岁起东③。我年已强仕④，无禄尚忧农。
桑野就耕父⑤，荷⑥锄随牧童。田家占气候⑦，共说此年丰。

注释：

①斗：指北斗星。

②回北：指北斗星的斗柄从指向北方转而指向东方。古人认为北斗星
　　斗柄指东，天下皆春；指南，天下皆夏；指西，天下皆秋；指北，
　　天下皆冬。

③东：北斗星斗柄朝东。

④强仕：强仕之年，即四十岁。

⑤耕父：农人。

⑥荷：扛，担。

⑦占气候：根据自然气候推测一年收成的好坏。

【文意疏通】

　　昨天夜里北斗星的斗柄转向东方，今天早晨一年又开始
了。我已经四十岁了，虽然没有官职但仍担心农事。靠近在种
满桑树的田野里耕作的农夫，扛着锄头和牧童一起劳作。农家
人推测今年的收成，都说这一年是丰收年。

【义理揭示】

　　这首五言律诗写作者的亲身经历，作于他去长安应试的那
年春节。诗中首尾两联反映了我国古代农民非常重视观测天

象，注意气候、节令与农业生产的关系，其中虽有某种程度的迷信色彩，但更多的是从生产实践中总结出来的经验，有一定的科学价值。中间两联叙写了自己的隐居生活内容，其中隐隐透露了作者不甘隐居躬耕的心情，一说为其鹿门隐居只是为了取得清高的声望，以便得到引荐，达到入仕的目的。

　　孟浩然（689—740），唐代著名诗人，襄州襄阳（今湖北襄阳）人。四十岁前隐居鹿门山，四十岁后到长安游历。一生沦落，却名重当世。王维和李白都对他十分推崇。著有《孟浩然诗集》。

次①北固山②下

唐·王　湾

客路③青山④外，　行舟绿水前。潮平两岸阔⑤，　风正一帆悬。
海日生残夜⑥，　江春入旧年。乡书⑦何处达？　归雁⑧洛阳边。

注释：

　　①次：旅途中暂时停宿，这里是停泊的意思。

　　②北固山：在今江苏镇江北，三面临水，倚长江而立。

　　③客路：行客前进的路。

　　④青山：指北固山。

　　⑤潮平两岸阔：潮水涨满时，两岸之间水面宽阔。

　　⑥残夜：夜将尽之时。

　　⑦乡书：家信。

　　⑧归雁：北归的大雁。大雁每年秋天飞往南方，春天飞往北方。古代

有用大雁传递书信的传说。

【文意疏通】

游客路过苍苍的北固山下，船儿顺着碧绿的江水向前。潮水涨满，两岸与江水相平，显得十分开阔，顺风行船恰好把帆儿高悬。夜还未消尽，一轮红日已从海上升起，江上春早，旧年未过新春已来。给家乡捎的书信怎样才能转达呢？北归的大雁啊，烦劳你替我捎回家乡洛阳吧。

【义理揭示】

海日东升，春意萌动，诗人泛舟于绿水之上，继续向青山之外的客路驶去。恰逢此时，北归之雁使诗人想起了"雁足传书"的故事，于是就想托北飞之雁寄去对家人的相思。全篇笼罩着一层淡淡的乡思愁绪，对偶句发端，既工丽，又跳脱，整首诗意韵优美。

王湾（693—751），唐代诗人，洛阳（今属河南）人，受吴中诗人清秀诗风的影响，现存诗作10首，其中最著名的一篇为《次北固山下》。

元　日

宋·王安石

爆竹声中一岁除①，春风送暖入屠苏②。
千门万户曈曈③日，总把新桃④换旧符。

注释:

①除：逝去。

②屠苏：指用屠苏草浸泡的酒，古人春节饮屠苏酒为祛病驱邪。

③瞳瞳：日出时光亮而温暖的样子。

④桃：桃符。正月初一时人们把神明的名字写在桃木板上挂在门旁，用来压邪。也作春联。

【文意疏通】

在噼啪作响的爆竹声中送走了过去的一年，人们迎着和煦的春风，开怀畅饮屠苏酒。家家户户都被太阳的光辉照耀着，每家每户都在新年的时候取下了旧桃符，换上了新桃符。

【义理揭示】

这首脍炙人口的春节诗是一首写古代迎接新年的即景之作。取材于民间放爆竹、饮屠苏酒、换新桃符等除旧迎新的习俗，富有浓厚的生活气息。王荆公在诗中以除旧迎新来比喻和歌颂新法的胜利推行。这首诗正是赞美新事物的诞生如同"春风送暖"那样充满生机，同时也含有深刻哲理，指出新生事物总是要取代没落事物的这一规律。

王安石（1021—1086），字介甫，号半山，世称王荆公、半山居士，临川县城盐埠岭（今江西省抚州市临川区邓家巷）人。北宋时期杰出的政治家、思想家、文学家，是唐宋八大家之一。著有《临川先生文集》，现有《王临川集》《临川集拾遗》，并有著名散文《游褒禅山记》。

玉楼春·己卯岁元日

宋·毛滂

一年滴尽莲花漏①。碧井酴酥②沉冻酒。晓寒料峭尚欺人，春态苗条先到柳。

佳人重劝千长寿。柏叶椒花芬翠袖。醉乡深处少相知，只与东君③偏故旧。

注释：

①莲花漏：外观形似莲花的漏水计时器。

②酴（tú）酥：即"屠苏"。

③东君：春神。

【文意疏通】

莲花滴漏送走了旧的一年。在井边悬冻酒，料峭晓寒侵入之时，柳枝的苗条身姿，已透露出了新春气息。佳人劝酒助兴，衣袖间带有柏叶和椒花的芳香。醉意朦胧知音少，只有春神像是旧友。

【义理揭示】

这是一首辞旧迎新的贺岁词，春寒虽未消退，但诗人已满怀如对故友般的期待，迎接即将到来的春天。词人为早春的物候所惊，犹如见到了久别重逢的故旧。构思新颖，饶有情致。《词林纪事》称毛滂诗文"有闲暇自得，清美可口之语。一吟一咏，莫不传唱人间。曼声歌之，不禁低徊欲绝也"。《宋词通论》中称其词"明情韵致，风度萧闲，令人百读不厌"。

毛滂（1056—约1124），字泽民，衢州江山（今属浙江省）人，宋朝人，著有《东堂集》十卷和《东堂词》一卷传世。

蝶恋花·戊申元日立春席间作

宋·辛弃疾

谁向椒盘①簇彩胜②？整整③韶华，争上春风鬓。往日不堪重记省，为花长把新春恨。

春未来时先借问。晚恨开迟，早又飘零近。今岁花期④消息定，只愁风雨无凭准。

注释：

①椒盘：旧俗，正月初一各家以盘盛椒进献家长，号为椒盘。

②彩胜：即幡胜。宋代士大夫家多于立春之日剪彩绸为春幡，或悬于家人之头，或缀于花枝之下，或剪为春蝶、春钱、春胜等以为戏。

③整整：是辛弃疾所宠爱的一位吹笛婢，这里举例以代表他家中的年轻人。

④花期：即是作者时时盼望的南宋朝廷改变偏安政策，决定北伐中原的日期。

【文意疏通】

正当美好年华的整整等年轻人，争着从椒盘中取出春幡，插上两鬓，春风吹拂着她们头上的幡胜，十分好看。自己并非不喜欢春天，不热爱生活，而是痛感无忧无虑的生活对于自己早已成为"往日"的遥远回忆。

春天还没到来时一直盼望着。花开晚了让人等得不耐烦，开早了又让人担心它很快会凋谢。今年花开之期已经确定，只是风吹雨打无法准确推算而使人犯愁。

【义理揭示】

这首词作于南宋孝宗淳熙十五年（1188）戊申正月初一，恰好逢上立春，诗人却由于报国之志难以舒展而忧愤不已。眼前的乐景并未消解诗人的情绪，物候的常理反倒惹得他不得不把一腔爱国之情一吐为快。这一年辛弃疾四十九岁，渡江归宋已经整整二十七载。这首在春节的宴席所作之词，隐喻了词人对现实处境的不满，同时也借花期不定来暗示对南宋朝廷偏安政策的不满，北伐中原的看似无望，作者却仍持有期盼，真可谓是花期未定，愁绪难平。

辛弃疾（1140—1207），字幼安，号稼轩，山东历城县（今济南市）人，南宋著名豪放派词人，与苏轼合称"苏辛"。著有《稼轩长短句》，现存词600多首。

元　日

宋·辛弃疾

老病忘时节，空斋晓尚眠。
儿童唤翁起，今日是新年。

【文意疏通】

久病缠身竟忘记佳节，空荡荡的房间里，天将破晓仍在睡觉。小孩来唤我起床，方知今天是新年。

【义理揭示】

诗人竟忘了新年这般重要的日子，不是因为"山中无历日"，也并非"乐以忘忧，不知老之将至"，而是因为久病缠绵，凄苦之情可见一斑。

次韵陆金宪元日春晴

明·王守仁

城里夕阳城外雪，相将十里异阴晴。

也知①造物曾何意，底事②人心苦未平。

柏府楼台衔倒影，茅茨松竹泻寒声。

布衾③莫谩愁僵卧，积素还多达曙明。

注释：

①也知：有谁知道。

②底事：此事。

③布衾（qīn）：棉被。

【文意疏通】

城里有夕阳而城外却下雪，相距十里天气竟不一样。可知道造物主是何心意？莫非人们心中的苦难还没有磨平？御史府的楼台倒映在水中，茅屋松竹流泻出寒冷的信息。有布被不必担心睡觉冻僵，多一点耐心总会等到天明。

【义理揭示】

这首写初春的景象，诗中"相将十里异阴晴"写出了贵州山区复杂的气候现象。此诗虽然以写景为主，但表达的仍然是诗人对美好未来的强烈愿望，画面优美，意境新鲜，富有生活情趣。

王守仁（1472—1529），字伯安，自号阳明子，世称阳明先生，故又称王阳明。他是明代著名的思想家、文学家，儒家心性学说的集大成者。王阳明二十八岁时中进士，授兵部主事。明武宗正德元年（1506），因反对宦官刘瑾，被谪贬至贵州龙场驿，后经朝廷重新启用，并平定了宁王等叛乱，立下赫赫战功。

甲午元旦

清·孔尚任

萧疏白发不盈颠①，守岁围炉竟废眠。

剪烛催干消夜酒，倾囊分遍买春钱②。

听烧爆竹童心在，看换桃符老兴偏③。

鼓角④梅花⑤添一部，五更欢笑拜新年。

注释：

①颠：头顶。

②买春钱：新春时散发的喜钱。

③偏：不尽。

④鼓角：泛指乐器。

⑤梅花:《梅花落》,古曲名。

【文意疏通】

稀疏的白发不能覆盖住头顶,围炉守岁竟放弃了睡眠。剪烛饮酒消夜达旦,因为散发庆春的喜钱而倾尽口袋。听到爆竹的燃响萌发童心,看着更换桃符的情景兴致浓浓。乐器又一度演奏了《梅花落》,五更时分人们欢声笑语拜贺新年。

【义理揭示】

全诗描写了除夕围炉守岁到五更时人们欢喜拜年的过程。甲午,指的是清康熙五十三年(1714),时年六十六岁的孔尚任早已"发不盈颠",深居简出,但仍童心未泯,兴致勃勃地看别人更换桃符。围炉守岁、点爆竹、分买春钱、换桃符、拜新年,诗中处处可见浓浓的年味,也体现了诗人脱离官场后释然的心情。

孔尚任(1648—1718),字聘之,号东塘,又号云亭山人。山东曲阜人,是孔子六十四代孙。康熙中授国子监博士,迁户部广东司员外郎,不久被罢官。所写的《桃花扇》与洪升之的《长生殿》齐名,人称"南洪北孔"。

文化倾听

春节,俗称过年,古称元日、元辰、元正、元朔、元旦,现在则称公历一月一日为元旦,农历的一月一日则叫春节。

"元",本意为"首",含初始的意思。"旦",据《说文解

字》的记载"从日见一上，一，地也"，也就是太阳刚从地平线升起，天明的意思。作为岁之朝、月之朝、日之朝，这个节日自然带有万象更新、辞旧迎新的含义。历代诗词歌赋中对春节的禁忌、礼仪、传说、风俗的描述，都是历史文化的缩影，蕴含着丰富的文化内涵。

新年是中华民族最隆重的传统节日，也是历代诗人着力描写的重要内容。传统意义上的新年一般从腊月初八的腊祭或腊月廿三、廿四的祭灶持续到正月十五日元宵节，其中以除夕和正月初一为高潮，人们都要举行各种活动，这些活动均以敬仰神明、祭奠祖先、除旧布新、迎禧接福、祈求丰年为主要内容。除旧布新之际，最容易引发诗人对于生命意义的思考，感悟人生、历史、宇宙的道理、意义和真谛。历代新年诗可谓浩如烟海、灿若群星，有记录各种传统习俗的，有描写喜庆气象的，有抒怀言志的，有寄托祝愿与祈祷的，可谓异彩纷呈。

仰神是春节古诗词中一个比较重要的主题。《吕氏春秋》记载，新春扫尘、祭拜天地的风俗在尧舜时就已经形成，而祭拜天地，敬奉神明的仪式恰好反映了中华民族"天人合一"的精神。年节的本质意义在于开端，因为新年本身既是岁月又超越了岁月，所以从除夕开始，是一种感恩的开始，也是一种庆祝的开始，感念天地化育，感念风调雨顺，无论祈福还是祝福，人们对天地都充满感恩和敬畏。因此，古诗词中描述了很多"敬神"礼俗的代代传承和各种庆贺场面。如描写祭灶风俗的有范成大的《祭灶诗》；描写扫尘风俗的有蔡云的《吴歙》；描写除夕夜通宵不寐，把烛迎新的有杜审言的《除夜有怀》、曹松的《除夜》；孔尚任的《甲午元旦》生动细致地描述了新年来临的场景，待第一声鸡啼响起，街上鞭炮齐鸣，响声此起彼伏，家家喜气洋洋。新的一年开始了，男女老少都穿着节日盛装，先拜天地、敬神佛，再给家族中的长者拜年，然后出门走亲访友，相互拜年。

人们最津津乐道的两则关于春节的传说是熬年守岁、万年创建历法。

守岁习俗兴起于南北朝，旧年的最后一天夜里不睡觉，熬夜迎接新年的到来，期待着新的一年里吉祥如意。梁朝文人留存的诗文中，不少仍见有"守岁"的题材。由凶恶年兽衍生而成的传说故事不仅为新春添上了传奇色彩，更是在诗词中留下驱魔除邪的相关笔墨。来鹄的《早春》、王安石的《元日》、范成大的《爆竹行》都描述到新春放鞭炮的场景，都反映了放鞭驱兽的习俗。

万年创建历法则是讲述万年制造测日影计天时的暑仪和五层漏壶，经过年复一年的观测和计算，总结出四季循环往复的规律，制定了太阳历。岁之朝、月之朝、日之朝的春节，辞旧迎新的内涵不言而喻，陆游笔下的"夜雨解残雪，朝阳开积阴，桃符呵笔写，椒酒过花斜"则以雪后初晴、一扫阴霾喻辞旧迎新之意。陈献章的《元旦试笔》就借饮酒、作诗、歌唱等活动描写出老人饮酒作诗，少儿齐声歌唱的场景透露出迎春的气息。孟浩然的《田家元日》反映了农家的新年气象，更体现了忧农躬耕的精神。

冬去春来是不变的自然规律，新年是人们表达美好愿望的最佳时间，大家相互拜年致以贺词，形成写春联、贴福字、挂年画等年俗。如唐代包佶在《元旦观百僚朝会》中写道："万国

贺唐尧，清晨会百僚。衣冠萧相府，绣服霍嫖姚。寿色凝丹碧，欢声彻九霄。"描写了文武百官元旦朝会的景象，也反映了盛唐气象。宋代的王十朋在《元日》中写道："元旦年年见，天涯意故长""弟兄互拜处，归去顾成行"，描写出兄弟们互相拜年、共贺新岁的情景。相传唐太宗李世民过年时，曾亲制贺卡，御书"普天同庆"，赐予大臣。此后，这一形式便迅速在民间普及。宋代时已用名片拜年，称为"飞帖"，各家门前贴一红纸袋，上写"接福"，即承放飞帖之用。到了明、清，"飞帖拜年"非常流行，如明代文徵明在《拜年》诗中写道："不求见面惟通谒，名纸朝来满敝庐。"

春节也不全都是团聚的场面，自然是有人欢喜有人愁。身处客乡的游子不免感叹背井离乡、远别家人无所依傍的忧愁，刘长卿的《新年作》就是其中代表，这类思亲怀乡、渴望团聚的诗歌在春节诗中读来别有一番滋味。

此外，元会诗等宫廷贺岁之礼也成为春节诗词重要的创作背景之一。历代的历法有所变化，故而元会的时间不一定都在岁首，例如汉朝元会就因高祖十月灭秦而定于当月。汉朝建立后，叔孙通重新制定新的礼仪规范，虽然参考了前代的制度，但是做了大量的改动，官方仪式中就有正会礼一项。汉武帝虽然制定了太初历，将夏历的一月作为岁首，但是仍然遵循在十月一日举行宴会的习惯，所遵循的礼仪便是正会之礼。

汉朝元会的规定是从岁首的前一夜晚上，夜漏未尽七刻开始，百官与各地郡守献上礼物朝贺皇帝。献上的礼物有等级标准：三公和列侯送玉璧，中二千石、二千石送羊羔，千石、六百石送雁，四百石以下送野鸡。三公献上贺礼时，先手持玉璧上殿到御座前，面向皇帝座位所在的北方。太常引赞道"皇帝为君兴"，皇帝起立，接受三公伏地跪拜。皇帝坐下，三公才上前献上玉璧。然后百官上殿向皇帝贺岁，二千石以上的官员要手举酒杯，口称万岁。宴会中皇帝进食时，司徒献上羹，大司农献上饭，奏进食时的音乐。皇帝会在元会上赏赐群臣，并与群臣举行宴会，宴会上会有娱乐活动。

东汉末年，曹操建魏国，在都城邺城同样像皇帝一样举行元会。魏国举行元会的地点是邺城的文昌殿，遵照汉朝的仪式流程，又增设百华灯。曹魏建立之后，魏文帝禁止藩王到京城来朝贺，所以元会的时候并没有藩王上贺的仪式。曹魏的岁首定在正月，但是在冬至日的时候也会举行接受属国、地方和百官祝贺的小会，所用的礼仪较元会低一等。到了西晋，元会礼仪确定于晋武帝咸宁年间，名为咸宁仪，过程分为晨贺和昼宴两个部分。

元会既是重要的贺岁之礼，同时也是重要的政治活动，作乐宴飨时的即兴赋诗虽多为应景之作，却也有不少佳句留给后人吟诵。

除了年俗和过年的氛围会引发诗人的诗兴外，一些新春诗词仍重在"言志"及抒发胸臆，比如王安石的《元日》、辛弃疾的《蝶恋花·戊申元日立春席间作》。

文化传递

除夕夜的一场大雪让2014年的马年春节显得有些特别，航班因天气缘故临时取消导致那些原本选择在大年夜踏上"回家

路"的人们不得不临时改变行程，其中的一些甚至经历了真实版的"人在囧途"。不知始于何时，人们总会留意那些"曲线回家"的奇人逸事，例如7天换乘46辆公交车1次轮渡回家过年的山东"公交哥"……车票拼接出回家的梦，蕴含着中国年背后浓浓的情意。

　　游子回归故里，一家团圆，其乐融融，其中蕴含着强大的情感力量，体现出中国人重孝悌、睦邻和居、吉祥纳福等文化理念，其中的亲情文化、交往文化和寻根文化从春节的多重意义中挑选出时代的主题，同时也反映了人们对中国传统文化中家庭伦理和社会伦理观念的传承。这种温暖同金钱无关，同权力无关，同势利无关，是骨肉情，合家欢。俗话说，"大年三十吃饺子，没有外人"，春节还是加深人与人之间感情、沟通人与人之间关系的节日，是团结的节日。不但在亲人之间，即使在互不相识的"外人"之间，包括在有些隔阂、有些矛盾的人们之间，春节见面时也会客气一点，会有笑容和宽容，多点理解和关心。一句"恭喜发财"，一句"新春愉快"，谁听了谁高兴。总之，春节是使人和睦相处、欢乐愉快的盛大节日，春节的文化形态和社会功能会随着时代的发展有所改变，但不变的是中国人看重情义、重和合的情怀。

　　若追溯岁时节令的由来，则岁时源于古代历法，节令源于古代季节气候，是由年月日与气候变化相结合排定的节气时令。对于农耕社会而言，人们的生产生活与气候、天气的变化息息相关。古人称谷子一熟为一"年"，五谷丰收为"大有年"，西周初年就出现了一年一度的庆祝丰收的活动。"旧岁已完，新春复始，春为岁首"，春节作为一岁之中最早的节日，预示着人们即将告别寒冬，迎来大地复苏的春天，也意味着人们又要开始新一年的劳作。在民间，传统意义上的春节是指从腊月初八的腊祭或腊月二十三或二十四的祭灶开始，一直到正月十五。

春节，是中华民族最为隆重的传统节日，既是中国传统文化的象征，又是传承中国传统文化的载体。春节源于原始社会的"腊祭"，它的形成和发展经历了漫长的历史过程。起初，在尧舜时期，新春之时已有庆祝活动，但是未成规模，至殷商时期有祭神、祭祖活动。西周时，新春期间开始有农业庆祝活动。到了汉朝，形成正式新春礼仪，开始有烧竹子，也就是后来的爆竹出现，团拜礼仪，官员朝贺天子。魏晋时期，开始有鞭炮及守岁习俗。五代后蜀开始有春联。后蜀孟昶题写的"天地纳余庆，佳节号长春"是中国最早的一副春联。宋朝时开始使用火药制成的鞭炮。随着科学、文化水平的不断提升，一些带有迷信色彩的节庆活动逐渐被淘汰，而类似吃年夜饭、放鞭炮、挂年画、贴春联、拜年串门等习俗得以保留，人们自发地选择表达与宣泄的方式，以达到满足和愉悦的目的。这些习俗，流传于民间、盛行于民间，具有旺盛的生命力。

中国人重视"年味"，春节过完后还会反复地回味其中的滋味。春节自古以来就是一项集祈年、庆贺、娱乐为一体的盛典，具有全民性、稳定性和持续性的特点。它是炎黄子孙共有的传统节日，古今中国人都把过年看得特别重要。无论天南海北，无论男女老少，无论富贵贫贱，全国各地区各民族的中国人都以特有的方式庆祝这个最盛大的传统节日。家家户户欢聚一堂，尽享天伦之乐，感受家庭的温暖和幸福，分享一年的收

获与喜悦，回顾过去的一年，展望新年的开始。

根据《中国民族节日大全》的逐一统计，春节不仅是汉族的第一大节日，也是其他38个少数民族的重要节日。放眼世界，春节也是朝鲜、韩国和日本等国家的重要节日。每年因春节而起的"春运"，被誉为人类历史上规模最大的周期性大迁徙，是世界上最大的周期性运输高峰，创造了多项世界之最、中国之最。

世界上没有哪个节日能像春节一样"旷日持久"。按照传统习俗，春节的各种节日活动从旧岁末腊月二十三祭灶日，俗称"小年"之日起就拉开了序幕，直至新年正月十五，即"元宵节"为止。有的地方则从旧岁腊月初八"腊八节"吃腊八粥就开始了，直到新年正月二十三日"燎疳节"才偃旗息鼓。这真是名副其实的"过大年"。

中国的传统节日甚多，其中三大节指的是春节、端午节、中秋节。而春节相对其他传统节日，历史更为悠久。据史籍记载，中国人民过春节已有四千多年的历史了。无论处在什么情况下，老百姓年年都要"过年"。不管科学如何发达，人们的心里都祈求和平、幸福、健康、吉祥，都希望风调雨顺、国泰民安，因此从心理因素分析，过春节对老百姓而言是永恒的。虽然信息时代无需以往"鸿雁传书"后的漫长等待，但面对面的交流是看不见、摸不着的电子通讯无法代替的，情感的要素需在对视时彻底表达，情感理念也因此得以超越、升华。

就今天而言，春节不仅体现了其促进国民经济增长的意义，更体现了其传承并发扬优秀传统文化的重要价值，它象征着华夏儿女对于美好未来的无限向往和情感寄托，是人际关系

的黏合剂，同时也促进了民族团结和社会和谐。

文化感悟

1. 为你的邻居写一副春联。

2. 比较你童年时期和现在对过春节的认识、过春节时的心情和举止的异同，你更喜欢怎样的春节？

3. 给父母、亲戚、朋友和老师各写一句春节的祝福语。

第二章　灯火璀璨元宵节

文化典籍

正月十五夜

唐·苏味道

火树银花①合，星桥铁锁开②。暗尘随马去，明月逐人来。

游妓皆秾李③，行歌尽落梅④。金吾⑤不禁夜，玉漏⑥莫相催。

注释：

①火树银花：比喻灿烂绚丽的灯光和焰火，这里指上元节的灯景。

②铁锁开：唐朝都城有宵禁，此夜不禁，城门的铁锁开启，任人通行。

③秾（nóng）李：指年轻人像盛开的娇艳的桃花李花一样华美富丽。《诗经·召南·何彼秾矣》中有"何彼秾矣，花如桃李"一句。

④落梅：乐曲《梅花落》。

⑤金吾：掌管京城戒备，禁人夜行的官名。

⑥玉漏：即滴漏，计时的器具。

【文意疏通】

明灯错落，园林深处映射出璀璨的光芒，有如娇艳的花朵一般；由于四处都可通行，所以城门的铁锁也打开了。人潮汹涌，马蹄下尘土飞扬；月光追着人，使人抬头便可望见。

月光灯影下的歌妓们花枝招展、浓妆艳抹，一面走，一面高唱《梅花落》。京城取消夜禁，计时的玉漏不要催促欢乐的人们。

【义理揭示】

元宵佳节的绮丽夜景，明灯错落，歌舞升平。长安城里的正月十五之夜，人潮涌动，热闹非凡。这一派节日风光，很难说清是人在赏景，还是人也成了景。灯火辉煌的佳节，正是风清月白的良宵，然而欢愉的时光总显短暂，不知不觉便到了深更时分，人们在惋惜之余，还怀着无限的留恋之情，希望元宵之夜不要匆匆地过去。言虽尽于此，然意味深长。整首诗纤浓恰中、浑然一体。《瀛奎律髓》对此诗评价甚高，称"古今元宵诗少，五言好者殆无出此篇矣"。

苏味道（648—705），唐代政治家、文学家，赵州栾城（今属河北）人。对唐代律诗发展有推动作用，《正月十五夜》为其传世之作。

上 元 夜

唐·崔 液

玉漏银壶①且莫催，铁关金锁彻明开。

谁家见月能闲坐，何处闻灯不看来。

注释：

①玉漏银壶：计时的器具，古代以漏壶之法计时。

【文意疏通】

玉漏切莫催促，今夜的城门要一直开到天明。哪家见到今晚的月色能闲坐家中，哪里会有人知道有灯会而不来看的呢？

【义理揭示】

崔液的这首七绝虽仅有28字，却把元宵盛况空前的欢腾场面巧妙地表现出来。"谁家见月能闲坐，何处闻灯不看来。"家家户户难掩激动的心情，可以想象到人们兴高采烈地燃放烟花爆竹，挥舞狮子龙灯，观赏绚丽多彩的灯火的场面。据刘肃《唐新语》记载："神龙（唐中宗年号，705—707）之际，京城正月望日（即十五），盛饰灯影之会，金吾弛禁，特许夜行。贵游戚属及下俚工贾，无不夜游。车马骈阗，人不得顾。王、主之家，马上作乐，以相竞夸。文士皆赋诗一章，以记其事。作者数百人，唯中书侍郎苏味道、吏部员外郎郭利贞、殿中侍御史崔液三人为绝唱。"这是崔液所作组诗《上元夜》六首中的第一首，是描写当时京城长安元宵赏灯繁华景象的名篇之一。

崔液（生卒年不详），字润甫，定州安喜（今河北定县人。祖父崔仁师，唐太宗贞观年间任中书侍郎，自幼喜爱文学，擅作五言诗。

生查子·元夕

宋·欧阳修

去年元夜^①时，花市灯如昼。月上柳梢头，人约黄昏后。

今年元夜时，月与灯依旧。不见去年人，泪湿春衫袖。

注释：

①元夜：农历正月十五夜，即元宵节，也称上元节。

【文意疏通】

去年元宵之夜，花市上灯光明亮如同白昼。与佳人相约在月上柳梢头之时、黄昏之后。

今年元宵之夜，月光与灯光依旧明亮。可是却见不到去年的佳人，相思之泪湿透了春衫的袖子。

【义理揭示】

这首脍炙人口的名篇写的是昔日一段缠绵悱恻、难以忘怀的爱情，抒发了旧日恋情破灭后的失落感与孤独感。上阕写去年元夜情事。头两句写元宵之夜的繁华热闹，为下文情人的出场渲染出一种柔情的氛围。后两句情景交融，写出了恋人在月光柳影下两情依依、情话绵绵的情景，制造出朦胧清幽、婉约柔美的意境。下阕写今年元夜。相似的情景，旧情却难再续，

相思之苦不禁使人伤感。与"人面不知何处去，桃花依旧笑春风"一句一样都是对物是人非的现象生动的写照。全词读来一咏三叹，使人无限感慨。

欧阳修（1007—1072），字永叔，号醉翁、六一居士，吉州永丰（今江西省吉安市永丰县）人，政治家、文学家，唐宋八大家之一。他也是北宋诗文革新运动的杰出代表。

蝶恋花·密州上元

宋·苏　轼

灯火钱塘①三五夜②，明月如霜，照见人如画。帐③底吹笙香吐麝④，更无一点尘随马。

寂寞山城⑤人老也，击鼓吹箫，却入农桑社⑥。火冷灯稀霜露下，昏昏雪意云垂⑦野。

注释：

①钱塘：此处代指杭州城。

②三五夜：即每月十五日夜，此处指元宵节。

③帐：此处指富贵人家元宵节时在堂前悬挂的帏帐。

④香吐麝：指散发一阵阵的麝香气。麝，即麝香，名贵的香料。

⑤山城：此处指密州。

⑥社：农村节日祭祀活动。

⑦垂：下挂。

【文意疏通】

杭州城里元宵夜，明月皎白如霜，一派热闹繁华的景象。帐底吹出一阵阵的麝香气，街上干净整洁，行马时无尘土飞扬。

密州寂寞冷清，元宵佳节远没有杭州城里那般热闹，只有在农家祭祀时才有鼓箫乐曲。不仅没有笙箫，连灯火也没有，只有天空中低矮的云下垂旷野。

【义理揭示】

此词是苏轼于宋神宗熙宁八年（1075）在密州时所作。题为"密州上元"，全词却从杭州城里的上元夜的种种回忆写起，"灯火钱塘三五夜"一句即点出灯夕的盛况。游人盛装出行，"无一点尘"既写出江南气候之清润，又赋予一种游人行进的动态感。

上阕描写灯、月、人，声色交错，展现了杭州元宵节的热闹、繁荣景象。下阕描写密州上元。过片一句"寂寞山城人老也"使情调突变，寂寞冷清不禁使词人抒发凄清的悲叹。全词抓住杭州、密州在气候、地理、风俗各自的特点，描绘了杭州上元节和密州上元节的不同景象，流露出作者对杭州的思念和初来密州时的寂寞心情。

苏轼（1037—1101），字子瞻，号东坡居士，北宋眉州眉山（今属四川省眉山市）人，唐宋八大家之一，是历史上伟大的文学家，兼精书画。

解语花·上元

宋·周邦彦

风销焰蜡①，露浥②红莲③，花市光相射。桂华④流瓦。纤云散，耿耿素娥⑤欲下。衣裳淡雅，看楚女、纤腰一把。箫鼓喧，人影参差，满路飘香麝。

因念都城放夜⑥。望千门⑦如昼，嬉笑游冶。钿车⑧罗帕。相逢处，自有暗尘随马。年光是也。惟只见、旧情衰谢。清漏移，飞盖⑨归来，从舞休歌罢。

注释：

①焰蜡：红烛。

②浥（yì）：沾湿。

③红莲：荷花灯。

④桂华：代指月光。传说月中有桂树，故有以桂代月。

⑤素娥：嫦娥。

⑥放夜：古代京城禁止夜行，唐代起正月十五夜前后各一日开放夜禁，称为"放夜"。宋沿唐制。

⑦千门：京城中的千家万户。

⑧钿车：装饰豪华的马车。

⑨飞盖：疾驰的车辆。

【文意疏通】

微风里，慢慢变短的，是那一支支红蜡；露水打湿了外面的灯纱，那是一朵朵荷花。月亮的清辉，向琉璃瓦上不断地倾洒；那细细云丝飘散后，月宫里嫦娥的身影变得更加清晰，似乎马上就要飘然而下。近处几位淑女，新衣穿得素淡高雅；这楚地美女，纤腰细不盈把。洞箫与腰鼓此起彼伏，老人与孩子身影杂沓，麝香满街弥漫，笼罩着远近人家。

于是想起了早年，都城里解禁的上元夜，看家家户户灯火通明，正如白天，到处都是嬉戏笑谈的男男女女。豪华的马车上，少女们罗帕遮面；相逢的地方，总少不了随马的红尘，在人影里变暗。风景如同今年，不同的是，当年的激情已大大衰减。星移斗转，随着那些疾驰的马车驶还；分明看到，那欢快的舞步一点点放慢，婉转的歌声一点点淡远。

【义理揭示】

这首词是触景生情，逢元宵节忆旧感怀之作。先写夜观荆南元宵夜的灯节花市，后回忆昔日京都放夜的场景。上阕有灯光、月光和人影，在一排光影交织的画面中将上元之夜的美挥洒到极致。下阕引入回忆，汴京游人如织、车马到处无不尘土飞扬。只不过今昔对比，豪情不再，感到郁塞不适。张炎在《词源》卷下评《解语花·上元》"不独措辞精粹，又且见时序风物之盛，人家晏（宴）乐之同"，对周邦彦在这首词中显示的填词功力做了较为中肯的评价。

周邦彦（1056—1121），字美成，号清真居士，钱塘（今浙江省杭州市）人，北宋著名词人。精通音律，格律谨严，尤善铺叙，多写羁旅、闺情。

青玉案·元夕

宋·辛弃疾

东风夜放花千树①。更吹落，星如雨②。宝马雕车③香满路。凤箫④声动，玉壶⑤光转，一夜鱼龙舞⑥。

蛾儿雪柳黄金缕⑦。笑语盈盈⑧暗香⑨去。众里寻他千百度。蓦然回首，那人却在，灯火阑珊⑩处。

注释：

①花千树：花灯之多如千树开花。

②星如雨：指焰火纷纷，乱落如雨。星，指焰火。

③宝马雕车：豪华的马车。

④凤箫：箫的名称。

⑤玉壶：比喻明月。

⑥鱼龙舞：指舞动鱼形、龙形的彩灯。

⑦蛾儿雪柳黄金缕：皆为古代妇女元宵节时头上佩戴的各种装饰品。这里指盛装的妇女。

⑧盈盈：声音轻盈悦耳，亦指仪态娇美的样子。

⑨暗香：本指花香，此指女性身上散发出来的香气。

⑩阑珊：零落稀疏的样子。

【文意疏通】

东风拂过，数不清的花灯晃动着，仿佛催开了千树花，焰火纷乱，往下坠落，又像是空中的繁星被吹落了，宛若阵阵星雨。华丽的香车宝马在路上来来往往，各式各样的醉人香气弥漫在大街上。凤箫那悦耳的音乐之声四处回荡，月亮在空中发出明亮的荧光，光华流转。热闹的夜晚里，鱼形、龙形的彩灯在翻腾。

美人的头上都戴着亮丽的饰物，身上穿着彩色的衣服，在人群中晃动。她们面带微笑，带着淡淡的香气从人前经过。我千百次寻找她，都没有看见，不经意间一回头，却看见了她站在灯火零落处。

【义理揭示】

辛弃疾的《青玉案·元夕》一词是久吟不衰的名篇。上阕写元宵之夜的盛况，下阕写人，众多伏笔后终于觅得伊人，是为元夕的浪漫抒怀。从词调来讲，这首词也显得十分别致。它原是双调，上下阕相同，只是上阕第二句变成三字一断的叠句，跌宕生姿。下阕则无此断叠，一片三个七字排句，一气呵成，单等到排比结束，"逼"出煞拍的警策句。王国维在《人间词话》曾举此词为例，以为古今之成大事业、大学问者，必皆经历三种境界，而将此词的境界比喻为最后最高的境界。

鹧鸪天·元夕①有所梦

南宋·姜　夔

肥水②东流无尽期。当初不合种相思。梦中未比丹青③见，暗里忽惊山鸟啼。

春未绿，鬓先丝。人间别久不成悲。谁教岁岁红莲夜④，两处沉吟各自知。

注释:

　　①元夕:旧历正月十五元宵节。

　　②肥水:源出安徽合肥紫蓬山,后流经将军岭至施口入巢湖。

　　③丹青:此处指画像。

　　④红莲夜:指元夕。红莲,此处指花灯。

【文意疏通】

　　肥水汪洋向东流,永远没有停止的时候。早知今日凄凉,当初真不该苦苦相思。梦里的相见总是看不清楚,赶不上看画像更加清晰,而这种春梦也常常无奈会被山鸟的叫声惊起。

　　春草还没有长绿,我的两鬓已成银丝,苍老得太快。我们离别得太久,慢慢一切伤痛都会渐渐被时光遗忘。可不知是谁,让我朝思暮想,年年岁岁的团圆夜,这种感受,只有你和我能够明白。

【义理揭示】

　　古时的元宵节是富有浪漫色彩的节日。正月十五之夜,街上人潮涌动,青年男女结伴游玩,自由愉悦的氛围之中,不免产生情愫。本词是南宋宁宗庆元三年(1197)元夕,词人为怀念恋人而作。上阕先写对昔日恋情的悔恨,再写梦中无法看清情人的怨恨,足见作者恋情之深炽。下阕说别久伤悲以致愁白了鬓发,煞拍两句想象在元宵放灯之夜,对方也在悲苦相思,语气极为沉痛。"春未绿,鬓先丝,人间别久不成悲。"青春消逝,久别后的相思之情逐渐向内收拢,更加深了词尾处的沉郁。全词深情缱绻,情致哀婉空灵。

姜夔（kuí）（1155—1221），字尧章，号白石道人，饶州鄱阳（今属江西省）人，精通诗词、散文、书法、音律。代表作品有《暗香》《疏影》《扬州慢》等。

生查子·元夕戏陈敬叟①

宋·刘克庄

繁灯夺霁华②，戏鼓侵明发③。物色旧时同，情味中年别。
浅画镜中眉④，深拜楼西月。人散市声收，渐入愁时节。

注释：

①陈敬叟：字以庄，号月溪，建安人。

②霁（jì）华：月光皎洁。

③明发：黎明阳光散开。

④浅画镜中眉：以张敞画眉一事比喻夫妻恩爱。

【文意疏通】

元宵节的繁灯丽彩夺去了明月的光华，喧闹的戏鼓声一直响至天亮。习俗风情与以前没什么两样，只是人到中年，情味有些凄凉。

对着明镜为佳人描眉，一起在楼中赏月，祈求天长地久。欢乐的人们渐渐散去，街上如往常般寂静，而我却渐渐感到有些忧伤。

【义理揭示】

这是一首元宵观灯戏友感怀之作，对比今日与往昔，感慨人到中年，已觉世事沧桑，友人夫妻和美的生活令人羡慕，对比之下自己的生活就越显愁苦。元宵夜晚灯火通明、锣鼓声不绝的繁盛景象，景象不改，情味却有所转变。后又想起陈敬叟之妻在家画眉拜月，盼夫早归，而陈敬叟却滞留临安，夜阑人静之时，不免愁肠渐生。可见，暂时的欢乐抵不过长久的孤寂，也昭示出盛筵必散的哲理。

刘克庄（1187—1269），字潜夫，号后村居士，莆田（今属福建省）人。词以豪放风格为主，有《后村长短句》五卷。

女冠子·元夕

宋·蒋　捷

蕙①花香也。雪晴池馆如画。春风飞到，宝钗楼②上，一片笙箫，琉璃③光射。而今灯漫挂。不是暗尘明月④，那时元夜。况年来、心懒意怯，羞与蛾儿⑤争耍。

江城人悄初更打。问繁华谁解，再向天公借。剔残红炧⑥。但梦里隐隐，钿车罗帕。吴笺银粉砑。待把旧家风景，写成闲话。笑绿鬟邻女，倚窗犹唱，夕阳西下。

注释：

①蕙：香草名。

②宝钗楼：宋时著名的酒楼，此处泛指精美的楼阁。

③琉璃：指琉璃灯。宋时元宵节有五色琉璃灯。

④暗尘明月：此处指元宵节灯光暗淡。

⑤蛾儿：妇女插戴于发的饰物。

⑥地（xiè）：指灯烛。

【文意疏通】

蕙兰花散发出阵阵幽香，雪后的晴空，辉映着池沼馆阁，犹如画景风光。春风吹过精美的歌楼舞榭，到处是笙箫管乐齐鸣。琉璃灯彩光四射，满城都是笑语欢声。而今随随便便挂上几盏小灯，再不如昔日士女杂沓，彩灯映红了尘埃迷天漫地，车水马龙，万众欢腾。何况近年来心灰意冷，再也没有心思去观灯玩耍。

江城冷落人声寂静，听鼓点知道才到初更，却已是如此冷清。请问谁能向天公，再度讨回以前的繁荣升平？我剔除红烛的残烬，只能在梦境中隐隐约约重见往年的情景。人来人往，车声隆隆，手持罗帕的美女如云。我正想用吴地的银粉纸，闲记故国元夕的风景，以便他日凭吊。笑叹那邻家梳着黑发的姑娘，倚靠窗栏还在唱着旧时的元夕词。

【义理揭示】

这首词作于宋亡之后，反映了词人对故国的缅怀之情。词人起笔即沉入了对过去元夕的美好回忆，彼时，宫中曾做五尺多高的琉璃灯，地方更有五色琉璃制成的灯。灯市的壮观，使词人忆起如昨天一般。而后，词人从回忆走向现实。眼前的景象不似以往的元宵那般热闹，归根结底是心境变了，节日的味道也跟着变了。无可奈何之下，词人剔除烛台上烧残的灰烬入

睡。邻家的少女还在倚窗唱着南宋的元夕词，歌声给词人带来了一丝宽慰，心头有所触动。整首词重今昔对比，着力处皆词人情之所钟。

蒋捷（生卒年不详），字胜欲，号竹山，宋末元初阳羡（今江苏省宜兴市）人。南宋亡后，便隐居不仕。长于词，与周密、王沂孙、张炎并称"宋末四大家"。

元夕二首

明·王守仁

[其一]

故园今夕是元宵，独向蛮村坐寂寥。
赖有遗经堪作伴，喜无车马过相邀。
春还草阁梅先动，月满虚庭①雪未消。
堂上花灯诸弟集，重闱②应念一身遥。

[其二]

去年今日卧燕台③，铜鼓中宵隐地雷④。
月傍苑楼灯彩淡，风传阁道⑤马蹄回。
炎荒万里频回首，羌笛⑥三更谩自哀。
尚忆先朝多乐事，孝皇⑦曾为两宫开。

注释：

①虚庭：空空的庭院。

②重闱：父母居室。

③卧燕台：住在京城。燕台，指燕京。

④隐地雷：隐隐的雷声。

⑤阁道：古宫苑中架木通车的复道。

⑥羌笛：羌族的一种乐器，此处借指龙场驿苗族百姓吹奏的乐器。

⑦孝皇：指明朝的孝宗皇帝。

【文意疏通】

[其一]故园的今天正是元宵节，我却在荒村独坐，感到寂寞冷清。好在有剩下的经书可以做伴，也高兴没有车马经过相邀出游。春天到来时草阁的梅花率先开放，月亮照着空旷的庭院，积雪尚未消融。此时余姚家里的厅堂上灯火通明，兄弟们都来了，父母也一定思念我独自一人在遥远的地方。

[其二]去年的今天还住在京城，元宵节的铜鼓声如隐隐的雷响。月儿依傍着苑楼灯影暗淡，风中传来阁道上来回的马蹄声。在万里炎荒之地频频回首往事，夜深时听见百姓的笛声，使人徒自悲哀。还记得先朝许多快乐的事情，孝宗皇帝曾经为两宫开禁。

【义理揭示】

元宵节哪里会只是一个地方独享的节日？只因每逢佳节倍思亲，思念家人的无限感怀让节日失去了本身团圆欢聚的意义。寂寞冷清时却又回忆起以往的情景，把此刻的感受如实写来，更显真挚、深沉。

汴京①元夕

明·李梦阳

中山孺子②倚新妆，郑女燕姬③独擅场。

齐唱宪王④春乐府，金梁桥⑤外月如霜。

注释：

①汴京：即今河南开封，五代梁、晋、汉、周及北宋的都城。

②中山孺子：汉中山靖王妾，善歌，此处借指歌女。

③郑女燕姬：借指歌女。

④宪王：明太祖朱元璋之孙朱有炖，精通音律。

⑤金梁桥：桥名。

【文意疏通】

歌女纷纷粉墨登场，精湛的表演力压全场。

一同表演周宪王朱有炖的杂剧，金梁桥上凉月如霜。

【义理揭示】

来自各地的伶人齐聚一堂，本就善演杂剧的歌女纷纷登场，后又点出实为表演朱有炖的杂剧，可见当时杂剧流传的盛况。最后一句笔锋一转，突然写起了戏曲表演场地旁金梁桥外的夜景，清冷幽静的月夜，看似完全不符合之前的热闹情景，却是诗人有意为之，显得余韵宛转，深得唐人竹枝词之妙。苏东坡在《蝶恋花·密州上元》中所写的"灯火钱塘三五夜，明月如霜，照见人如画"数语，与本词中"月如霜"的意象颇有相通之处。经明初的休养生息，古都汴京逐渐恢复生机，重现繁华。"齐唱"二字也渲染出元宵佳节万民同乐的情景。

李梦阳（1473—1530），字献吉，号空同，庆阳府安化县（今甘肃省庆城县）人，书法、诗词皆精善。

金菊对芙蓉·上元

清·纳兰性德

金鸭①消香，银虬②泻水，谁家夜笛飞声。正上林雪霁③，鸳鸯晶莹。鱼龙舞④罢香车杳，剩尊前、袖掩吴绫。狂游似梦，而今空记，密约烧灯⑤。

追念往事难凭。叹火树星桥⑥，回首飘零。但九逵烟月⑦，依旧笼明。楚天⑧一带惊烽火，问今宵、可照江城。小窗残酒，阑珊灯灺⑨，别自关情⑩。

注释：

①金鸭：铸为鸭形的铜香炉。古人多用以薰香或取暖。此处指薰香。

②银虬：古代一种计时器，漏壶中有箭，水满而箭出，箭上有刻度，因以其计时，而箭上又刻有虬纹得名。

③雪霁：雪后初晴的样子。

④鱼龙舞：古杂戏。唐宋时京城于元宵节盛行此戏，亦称鱼龙杂戏，又称鱼龙百戏。

⑤烧灯：即燃灯。古诗词中专指元宵之夜的灯火。

⑥火树星桥：形容元宵日灯市之景。

⑦九逵（kuí）烟月：京城大道上烟云缭绕，月色朦胧。九逵，京城的大道。

⑧楚天：本指楚地的天空，后泛指南方的天空。

⑨阑珊灯灺（xiè）：指灯火将尽，烛光微弱。灺，烧残的灯灰。

⑩关情：动情。

【文意疏通】

金鸭型的香炉飘香，计时用的银虬在不停地倾泻着流水，今夜是谁家的笛声飞泻而出？皇宫苑园雪后初晴，用鸳瓦砌成的井壁晶莹冰冷。鱼龙杂戏演出完毕后，思念的人所乘之车远去，只剩下樽前袖子掩住了拭泪的吴绫。看似痴狂的游玩如梦幻一般，而现在只记得与你秘密相约在元宵之夜的灯火下。

追忆怀念往事又苦于无所凭借。空叹元宵日的灯市之景，回首自己内心只是飘零，情无所托。京城的大道上，烟云缭绕，月色朦胧，灯笼所发出的光依旧明亮。而江南一带正有战事，今晚那样的月色可否照在江城？小窗下酒水将尽，灯火将尽，烛光微弱，这样的情景下那样的往事总是让人动情。

【义理揭示】

这首词是上元之日的感怀之作，因眼前景象进而抒发怀念之情，对节日种种情景的描绘不过是抒写念怀的铺叙。"贵能直写我目、我心此时、此际所得"，《金菊对芙蓉·上元》正是这样的词作。

纳兰性德（1655—1685），叶赫那拉氏，字容若，号楞伽山人，家世显赫，父亲是康熙朝武英殿大学士纳兰明珠。他是清朝著名词人，其词饱含真挚浓烈的情感，描摹景物格外传神。王国维称他为"以自然之眼观物，以自然之舌言情"的词人。

清平乐·上元月蚀

清·纳兰性德

瑶华①映阙，烘散蓂墀雪②。比拟寻常清景③别，第一团圆时节。

影娥④忽泛初弦⑤，分辉借与宫莲⑥。七宝⑦修成合璧，重轮岁岁中天。

注释：

①瑶华：美玉。

②蓂墀雪：生长着瑞草的殿阶上，呈现出洁白一片的景象。蓂，一种瑞草。

③清景：清光。

④影娥：即影娥池，汉代未央宫中池名。此池本凿以为玩月，后代指清澈鉴月的水池。

⑤初弦：上弦月。

⑥宫莲：莲花瓣的美称。

⑦七宝：指月亮。古代民间传说，月由七宝合成。

【文意疏通】

月亮如美玉一般的照在生长着瑞草的殿阶上，呈现出洁白一片的景象。与往常春节后第一次元宵月圆相比，清光有所不同。

影娥池中忽现上弦月的倒影，月光洒在莲花瓣上。但愿由七宝合成一个完整的璧月，年年岁岁圆圆地挂在天上。

【义理揭示】

全篇记录了一次发生在元宵节的月食全过程，用白描的描写手法，不加雕琢。上阕先描绘了月全食时所见的景象，后又赞美其景象不比寻常，即更富朦胧感、梦幻感。下阕写月食之情景，先写月食渐出呈现初弦的倒影，后写蚀出复圆。

元 夕 无 月

清·丘逢甲

[其一]

满城灯市荡春烟，宝月沉沉隔海天。

看到六鳌①仙有泪，神山②沦没已三年！

[其二]

三年此夕月无光，明月多应在故乡。

欲向海天寻月去，五更③飞梦渡鲲洋④。

注释：

①鳌：同鼇。

②神山：这里指台湾岛。《史记·秦始皇纪》中有记载，"海中有三神山：蓬莱、方丈、瀛洲，仙人居之"。

③五更：古时把一夜分成五更，一更大约两小时，此处指深夜。

④鲲洋：指台湾海峡。

【文意疏通】

[其一] 满城灯火荡漾着一片春烟，天色阴沉，月亮隐在海天的那边。看到鳌山灯彩，引起仙人流泪，海外的神山已经沉沦三年！

[其二] 三年后的今夜天空不见月光，美丽的月亮大概在台湾故乡。想到海天之外去寻找明月，半夜里做梦，神魂飞渡重洋。

【义理揭示】

《列子·汤问》中有记载，"龙伯之国有大人，一钓而连六鳌"，后又有《摭遗》记载李白自称海上钓鳌客，谒宰相问他："先生临沧海，钓巨鳌，以何物为钩线？"诗家经常用钓鳌客来比喻豪迈有为的人，典出于此。在第一首诗中，"鳌"借指鳌山，是把彩灯叠成山的形状，可见元宵节依旧保留了点灯、观火的习俗，"仙"则是作者自比，因看鳌山灯彩联想到后句的"神山沦没"而伤心流泪。1895年，清政府与日本签订《马关条约》，在这份丧权辱国的条约中将台湾割让给日本，两首诗都是作者在故乡台湾被割让后三年的一个元宵节所写。思乡情切，却无法回归故里，只可向梦中寻求。

丘逢甲（1864—1912），字仙根，号蛰仙、仲阏、华严子，保台志士，爱国诗人。

文化倾听

"八月十五云遮月，正月十五雪打灯"，元宵节，又称上

元、元夕、小正月，是中国的传统节日之一。古人称夜为"宵"，正月又是农历的元月，元宵节因此得名。

经历了除夕闭门守岁，年初那几天又得走亲访友、登门拜年，不知不觉中"忙年"也是半月有余，人们眼见着正月十五过后一切将恢复平静，于是决定在元宵节这天尽情地狂欢，也就形成了普天同庆、万众欢腾的节日场面。

历代文人墨客所作的元宵诗词也构成了一种"穿越"，使后人得以重温这场始于两千多年前的新春皓月朗照下的狂欢。

元宵之夜，大街小巷张灯结彩，"一曲笙歌春如海，千门灯火夜似昼"，盛况空前的灯市是元宵诗词重要的描绘对象。唐代诗人苏味道的《正月十五夜》中有灯月交辉，游人如织，热闹非凡的场景。李商隐的一句"月色灯光满帝城，香车宝辇溢通衢"，将观灯人数之多表现得淋漓尽致。崔液的《上元夜》虽没有正面描写元宵盛况，却蕴藏着欢乐愉悦、热烈熙攘的场景。宋代的元宵灯市更加壮观，苏东坡、范成大都曾为此赋诗，更是成就了辛弃疾"东风夜放花千树，更吹落，星如雨。宝马雕车香满路。凤箫声动，玉壶光转，一夜鱼龙舞"一阕流传千古的好词。明代更加铺张，将元宵放灯从三夜改为十夜。唐寅赋诗："有灯无月不误人，有月无灯不算春。春到人间人似玉，灯烧月下月似银。满街珠翠游春女，沸地笙歌赛社神。不展芳樽开口笑，如何消得此良辰。"这首诗很自然地把后人带进诗里迷人的元宵灯节。清代元宵节除有各种花灯外，还出现舞火把、火球，耍火龙、火狮等庆祝活动。姚元之所作的《咏元宵节》是对观灯宏大规模的生动写照。

元宵诗词里的灯市甚是美好，不仅带来美的视觉享受，更是营造了男女相识、随心结伴游玩的和谐氛围。青年男女互生情愫，或是有情人相会互诉衷肠，于是不少元宵诗词中都带有浪漫的气息。比如，欧阳修的《生查子》、辛弃疾的《青玉案·元夕》是具有代表性的诗词。

吃元宵是元宵节里必不可少的习俗，有些诗词也反映了这项活动。清代符曾的《上元竹枝词》不但道出当时的元宵是何种馅、用的什么米，甚至连谁家的粉好等都写得清清楚楚："桂花香馅裹胡桃，江米如珠井水淘。见说马家滴粉好，试灯风里卖元宵。"李调元的《元宵》词与其有着异曲同工之妙，"元宵争看采莲船，宝马香车拾坠钿。风雨夜深人散尽，孤灯犹唤卖汤圆"，把南方元宵节的场景写得活灵活现。

此外，元宵诗词中常出现的"玉漏莫催""月如霜"，前者表达对元宵欢庆恋恋不舍之情，希望时间慢慢流逝，好让快乐的时光更多一些；后者则是以月夜的冷寂来衬托月下热闹非凡的场景。

普天同庆的佳节，诗人和词人自然不惜笔墨，尽情描摹。令人惊讶的是，中国四大名著对元宵节的描述也是有声有色。这四部书所涉及的时间段从东汉到明清，近两千年的时间跨度基本反映了历代元宵节的原貌。

《红楼梦》中多次写到元宵节的场景，第一回"甄士隐梦幻识通灵，贾雨村风尘怀闺秀"、第十八回"林黛玉误剪香囊带，贾元春归省庆元宵"、第五十三回"宁国府除夕祭宗祠，荣国府元宵开夜宴"。第一回里写观"社火花灯"（元宵节夜晚街头的鼓乐、歌舞、百戏、杂耍、放花灯等娱乐活动），为下两处贾府庆元宵节埋下伏笔。第二十二回元妃省亲回宫后，特地制作灯

谜与家人同乐："能使妖魔胆尽摧，身如束帛气如雷。一声震得人方恐，回首相看已化灰。（谜底是爆竹）"迎春的灯谜是："天运人功理不穷，有功无运也难逢。因何镇日纷纷乱，只为阴阳数不同。（谜底是算盘）"探春的是："阶下儿童仰面时，清明妆点最堪宜。游丝一断浑无力，莫向东风怨别离。（谜底是风筝）"惜春则是："前身色相总无成，不听菱歌听佛经。莫道此生沉黑海，性中自有大光明。（谜底是佛前海灯）"正如小说中贾政所想："娘娘所作爆竹，此乃一响而散之物。迎春所作算盘，是打动乱如麻。探春所作风筝，乃飘飘浮荡之物。惜春所作海灯，一发清净孤独。今乃上元佳节，如何皆作此不祥之物为戏耶？"灯谜既符合元宵的习俗，也符合《红楼梦》中谜谶的写作特点，以谜底暗示了元、迎、探、惜的命运结局。

《三国演义》里五臣讨伐曹操的故事正发生在元宵节这一天，"至正月十五夜，天色晴霁，星月交辉，六街三市，竞放花灯。真个金吾不禁，玉漏无催！"《西游记》第九十一回"金平府元夜观灯，玄英洞唐僧供状"对元宵节的描写十分细致，"三五良宵节，上元春色和。花灯悬闹市，齐唱太平歌。又见那六街三市灯亮，半空一鉴初升。那月如冯夷推上烂银盘，这灯似仙女织成铺地锦。灯映月，增一倍光辉；月照灯，添十分灿烂。观不尽铁锁星桥，看不了灯花火树。雪花灯、梅花灯，春冰剪碎；绣屏灯、画屏灯，五彩攒成。核桃灯、荷花灯，灯楼高挂；青狮灯、白象灯，灯架高擎。虾儿灯、鳖儿灯，棚前高弄；羊儿灯、兔儿灯，檐下精神。鹰儿灯、凤儿灯，相连相并；虎儿灯、马儿灯，同走同行。仙鹤灯、白鹿灯，寿星骑坐；金鱼灯、长鲸灯，李白高乘。鳌山灯，神仙聚会；走马灯，武将交锋。万千家灯火楼台，十数里云烟世界。那壁厢，索琅琅玉辔飞来；这壁厢，毂辘辘香车辇过。看那红妆楼上，倚着栏，隔着帘，并着肩，携着手，双双美女贪欢；绿水桥边，闹吵吵，锦簇簇，醉醺醺，笑呵呵，对对游人戏彩。满城中箫鼓喧哗，彻夜里笙歌不断"。

《水浒传》中花荣大闹清风寨、众好汉智取大名府、李逵元夜闹东京都以元宵节为时间背景。在第七十二回"柴进簪花入禁院，李逵元夜闹东京"一章中，有一篇《绛都春》的诗词："融和初报，乍瑞霭霁色，皇都春早。翠鹍竞飞，玉勒争驰，都闻道鳌山彩结蓬莱岛，向晚色双龙衔照。绛霄楼上，彤芝盖底，仰瞻天表。缥缈风传帝乐，庆玉殿共赏，群仙同到。迤逦御香飘满，人间开嘻笑，一点星球小。隐隐鸣梢声杳，游人月下归来，洞天未晓。"从中可以了解到北宋时期东京街头正月十五元宵节的景致。

历代诗词中，无论是描写元宵节的现实之作，还是如同四大名著中对以往元宵节场面的合理"还原"，其中似乎涵盖了一个很有价值的命题：以人为载体继承并发扬中国传统节日文化，最后都需要经过创造性"演绎"，无论是用笔书写，还是以行为传递。

文化传递

正月十五吃汤圆，团团圆圆。儿时的歌谣里热气腾腾的汤圆居然有了塑封包装的品种，和其他零食一道摆放在货架上。以"开袋即食"和"小份散装"为特点的速食汤圆也许更符合

理性的"潜台词",元宵佳节承载的优良文化却不能因为"开袋即食"而被排除在精神的"正餐"之外。

据推测,元宵节起源于汉朝,在早期节庆的形成过程中,只称正月十五日、正月半、月望。正月十五在西汉已经受到重视,古时人们把"太一"视作主宰宇宙一切的神,汉武帝正月上辛夜在甘泉宫祭祀"太一"的活动被后人当作正月十五祭祀天神的开端。隋代以后出现月夜、元夕等叫法,唐初因受道教影响,又称"上元",唐代末期才出现"元宵"的叫法。唐朝国力强大,赏灯也从此时逐步成为节庆活动的主流之一,处处张挂彩灯,巨大的灯笼、灯树、灯柱等使得满城火树银花,好不热闹。至宋代,节期长短已由汉代的一天、唐代的三天发展到五天,也开始出现"灯夕"的称法。此时灯的式样越发多样,元宵赏灯的样式繁复多样,在逛灯市的同时,人们还兴起了猜灯谜,即将各种灯谜写在纸条上,纸条则贴在花灯上,猜中的人能得到小小的奖励。因为谜语能启迪智慧又饶有兴趣,所以流传过程中深受社会各阶层的欢迎。明朝的灯节持续的时间更长。自正月初八开始点灯,直到正月十七的夜里才落灯,整整十天,以显示歌舞升平,是中国历史上时间最长的灯节。明代的元宵节真可谓白昼为市,夜间燃灯,多彩的灯火,蔚为壮观,将春节期间娱乐活动推向高潮。至清代,又增加了舞龙、舞狮、跑旱船、踩高跷、扭秧歌等"百戏"内容,只是节期有所缩短,灯会也由宫廷举办逐步走向民间,然而赏灯规模依旧不减,除燃灯之外,还燃放烟花助兴。

关于元宵节,有许多有趣的传说。其中一则是讲"平吕"之事。汉高祖刘邦死后,吕后之子刘盈登基,称汉惠帝。汉惠帝生性懦弱，优柔寡断，大权渐渐落在吕后手中。待惠帝病死后，吕后独揽朝政。朝中老臣、刘氏宗亲眼见吕氏专权，深感愤慨，但都因受吕后的威慑而敢怒不敢言。吕后死后，吕氏一族惶惶不安，唯恐遭到排挤和报复，于是在上将军吕禄家中密谋作乱之事，以便彻底夺取刘氏江山。此事传至齐王刘襄耳中，刘襄为保刘氏江山，决定起兵讨伐诸吕。他随后与开国老臣周勃、陈平取得联系，设计除掉了吕禄，"诸吕之乱"终于被彻底平定。平乱之后，众臣拥立刘邦的第二个儿子刘恒登基，称汉文帝。汉文帝深感太平盛世来之不易，便把平息"诸吕之乱"的正月十五定为与民同乐之日，家家户户张灯结彩，以示庆祝。另一则与汉武帝时的奇人东方朔有关。相传东方朔是汉武帝的宠臣。有一年冬天下了好几天大雪，东方朔就到御花园去给武帝折梅观赏。刚进园门，发现有个宫女泪流满面准备投井，东方朔慌忙上前搭救。这个宫女名叫元宵，家里还有双亲及一个妹妹。自从她进宫以后，就再也无缘和家人见面。每年到了腊尽春来的时节，她就比平常更加思念家人，觉得不能在双亲跟前尽孝，不如一死了之。东方朔听了她的遭遇，深表同情，就向她保证，一定设法让她和家人团聚。之后，东方朔出宫在长安街上摆了一个占卜摊，不少人都争着向他占卜求卦。不料，每个人所占所求，都是"正月十六火焚身"的签语。一时之间，长安城里起了很大恐慌。汉武帝知道后，连忙请来了足智多谋的东方朔，此举正中东方朔下怀，他马上建议汉武帝让宫女元宵节做好汤圆敬奉火神。于是正月十五那天，长安城里张灯结彩，游人熙来攘往，热闹非凡。宫女的父母也带着妹妹进城观灯，一家人终于在元宵节得以团聚。

元宵节作为农历新年中的一个重要组成部分，并非一个孤立的节日。过了这天，就真正迈入新一年的生产生活，所以元宵节时全民欢庆，也含有人们祈求上苍保佑来年风调雨顺、庄稼丰收的美好寓意。与其他传统节日以合家团圆为核心的文化内涵有所不同，元宵节的节庆方式和文化发展使其更倾向于普天同庆、全民狂欢。民众在这天自由出行、自由娱乐，这是一种带有向严格的礼法制度的情绪宣泄，而非现代意义上玩世不恭的"娱乐精神"。

如今在繁华都市内，人们平日就已置身于灯火辉煌之中，对赏灯失去了原有的兴味，仿佛皓月之下，已无新鲜事。"不夜城"的环境反倒使人们太过缺乏与深邃天幕相望，与漫天繁星对视的经历。然而，这个传承了两千多年的传统节日所包含的民俗精粹和文化内涵远远超出了人们的想象，为今人留下了独特的审美记忆。

今天，我们需要感谢"速食汤圆"的便利，更需要在时代背景下为元宵佳节寻找更符合人们内心希望的新的文化意义，熄灭那些使人炫目、令人彷徨甚至迷失自我的浮光，转而点亮心中的那盏明灯。

文化感悟

1. 你最喜欢上述哪首诗、哪首词？挑选最喜欢的吟诵一番，想象其中描绘的动人情景。

2. 平时吃元宵和元宵节吃元宵，你的感受有无区别？为什么？

3. 猜以下灯谜。（谜底写在谜面后）

（1）朝罢谁携两袖烟？琴边衾里两无缘。晓筹不用鸡人报，五夜无烦侍女添。焦首朝朝还暮暮，煎心日日复年年。光阴荏苒须当惜，风月阴晴任变迁。（猜一计时工具）

（2）身自端方，体自坚硬。虽不能言，有言必应。（猜一生活用品）

（3）黑不是，白不是，红黄又不是，和狐狼猫狗仿佛，既非家畜，又非野兽。

诗不是，词不是，论语上也有，对东西南北模糊，虽为短品，却是妙文。（猜一传统文艺）

（4）黄瓷瓶，口儿小，瓶里装着红珠宝；只能吃，不能戴，又酸又甜味道好。（猜一食品）

答案：（1）更香　（2）镜子　（3）猜谜　（4）石榴

第三章　曲水流觞上巳节

文化典籍

溱　洧

《诗经·郑风》

溱与洧①，方涣涣②兮。

士与女，方秉③蕳④兮。

女曰："观乎?"士曰："既且⑤。"

"且往观乎?"

洧之外，洵讦⑥且乐。

维⑦士与女，伊其相谑，赠之以勺药⑧。

溱与洧，浏⑨其清矣。

士与女，殷其盈⑩矣。

女曰："观乎?"士曰："既且。"

"且往观乎?"

洧之外，洵讦且乐。

维士与女，伊其将谑⑪，赠之以勺药。

注释：

①溱（zhēn）与洧（wěi）：古时河名。

②涣涣：春水解冻后满涨奔腾的样子。

③秉：执。

④蕑（jiān）：兰草名。当地习俗认为用手持兰草，可被除不祥。

⑤且（cú）：同"徂"，去、往。

⑥洵讦（xū）：实在宽广。洵，确实。讦，广大无边。

⑦维：语助词，无意义。

⑧勺药：即"芍药"，一种香草，与今之木芍药不同。

⑨浏：水深且清洌的样子。

⑩殷其盈：殷，众多。盈，满。

⑪将（xiāng）谑：相互逗弄玩笑。将，即"相"。

【文意疏通】

溱水流呀洧水流，春水解冻汩汩流。

年轻的小伙和姑娘城外游，手里拿着兰草求吉祥。

姑娘说："去看看？"小伙答："已经去过。"

"再去走一趟又何妨？"

一走走到洧水边，地方热闹又宽敞。

小伙们和姑娘们结伴一起逛，相互调笑喜洋洋，赠送芍药

毋相望。

溱水流呀洧水流，河水深清起微波。

年轻的小伙和姑娘城外游，游人如织闹嚷嚷。

姑娘说："去看看?"小伙答："已经去过。"

"再去走一趟又何妨?"

一走走到洧水边，地方热闹又宽敞。

小伙们和姑娘们结伴一起逛，相互调笑喜洋洋，赠送芍药表情长。

【义理揭示】

西汉初传《诗》有鲁、齐、韩、毛四家，《诗》学学者根据春日男女出游、水边祓禊的汉时习俗，以今拟古，发覆《郑风·溱洧》意旨，认为上巳习俗在先秦时期已有迹可循。《韩诗·溱洧》《韩诗外传》中有类似考究，《韩诗章句》里"郑俗上巳溱洧两水之上秉兰祓除"一句更是对此观点"直言不讳"。

"上巳"的名称最早见于汉代典籍，对上巳起源的种种猜测中，韩诗学派给后人留下了一个最浪漫的答案。

兰 亭 集 序

晋·王羲之

永和①九年，岁在癸丑，暮春②之初，会于会稽③山阴之兰亭，修禊④事也。群贤⑤毕至⑥，少长⑦咸⑧集。此地有崇山峻岭⑨，茂林修竹⑩，又有清流激湍⑪，映带⑫左右，引以为流觞曲水⑬，列坐其次⑭。虽无丝竹管弦之盛⑮，一觞一咏⑯，亦足以畅叙幽情⑰。

是日也⑱，天朗气清，惠风⑲和畅。仰观宇宙之大，俯察品类之盛⑳，所以㉑游目骋㉒怀，足以极㉓视听之娱，信㉔可乐也。

夫人之相与⑤，俯仰㉖一世。或取诸怀抱，悟言㉗一室之内；或因寄所托，放浪㉘形骸之外。虽趣舍万殊㉙，静躁㉚不同，当其欣于所遇，暂得于己，快然自足㉛，不知老㉜之将至；及其所之既倦㉝，情随事迁㉞，感慨系之矣。向㉟之所欣，俯仰之间，已为陈迹㊱，犹不能不以之兴㊲怀，况修短随化㊳，终期㊴于尽！古人云："死生亦大矣。"㊵岂不痛哉！

每览昔人兴感之由，若合一契㊶，未尝不临文嗟悼㊷，不能喻㊸之于怀。固知一死生为虚诞，齐彭殇为妄作㊹。后之视今，亦犹今之视昔，悲夫！故列叙时人㊺，录其所述㊻，虽世殊事异㊼，所以兴怀，其致一也㊽。后之览者㊾，亦将有感于斯文㊿。

注释：

①永和：东晋穆帝年号（345—356）。东晋穆帝永和九年（353）的上巳节，王羲之与谢安、孙绰、支遁等名士共四十一人在兰亭集会，举行禊礼，饮酒赋诗，事后将作品结为一集，由王羲之写了这篇序，总述其事。

②暮春：春季的末一个月。

③会（kuài）稽：郡名，包括今浙江北部、江苏东南部一带。

④修禊（xì）：古代习俗，于阴历三月上旬的"巳"日（魏以后定为三月三日），人们群聚于水滨嬉戏洗濯，以被除不祥和求福。

⑤群贤：指谢安等社会名流。贤，形容词作名词。

⑥毕至：全到。

⑦少长（zhǎng）：指不同年龄的社会名流。如王羲之的儿子王凝之、王徽之等是少，谢安、王羲之是长。

⑧咸：都。

⑨崇山峻岭：高峻的山岭。

⑩修竹：高高的竹子。

⑪激湍：流势很急的水。

⑫映带：映衬、围绕。

⑬流觞（shāng）曲水：古人劝酒取乐的活动。用漆制的酒杯盛酒，

　　放入弯曲的水道中任其漂流，杯停在谁面前，谁就引杯饮酒。

⑭列坐其次：列坐在曲水之旁。列坐，排列而坐。次，旁边。

⑮丝竹管弦之盛：演奏音乐的盛况。盛，繁盛。

⑯一觞一咏：喝点酒，作点诗。

⑰幽情：幽深内藏的感情。

⑱是日也：这一天。

⑲惠风：和风。

⑳品类之盛：地上万物的繁多。品类，指自然界的万物。

㉑所以：用来。

㉒骋：放开，敞开。

㉓极：穷尽。

㉔信：实在。

㉕相与：相处、相交往。

㉖俯仰：一俯一仰之间，表示时间短暂。

㉗悟言：对面交谈。"悟"通"晤"，面对面。

㉘放浪：放纵、无拘束。

㉙趣舍万殊：各有各的爱好。趣，趋向，取向。舍，舍弃。万殊，千

　　差万别。

㉚静躁：安静与躁动。

㉛快然自足：感到高兴和满足。

㉜老：衰老。

㉝所之既倦：（对于）所喜爱或得到的事物已经厌倦。之，往、到达。

㉞情随事迁：感情随着事物的变化而变化。

㉟感慨系之：感慨随着产生。系，附着。

㊱向：过去、以前。

㊲陈迹：旧迹。

㊳兴：发生、引起。

㊴修短随化：寿命长短，听凭造化。化，指自然。

㊵期：至、及。

㊶死生亦大矣：死生是一件大事。语出《庄子·德充符》。

㊷契：符契，古代的一种信物。在符契上刻上字，剖而为二，各执一半，作为凭证。

㊸临文嗟（jiē）悼（dào）：读古人文章时叹息哀伤。临，面对。

㊹喻：明白。

㊺妄作：妄造、胡说。

㊻列叙时人：一个一个记下当时与会的人。

㊼录其所述：记录下他们所作的诗。

㊽虽世殊事异：纵使时代变了，事情不同了。虽，纵使。

㊾其致一也：人们的思想情趣是一样的。

㊿后之览者：后世的读者。

51斯文：这次集会的诗文。

【文意疏通】

永和九年，时在癸丑之年，三月上旬，会集在会稽山阴的兰亭，为了做禊事。众多贤才都汇聚到这里，年龄大的小的都

有。兰亭这地方有高峻的山峰，茂盛的树林，高高的竹子，又有清澈湍急的溪流，（如同青罗带一般）环绕在亭子的四周。引（溪水）作为流觞的曲水，排列坐在曲水旁边，虽然没有热闹的音乐，喝点酒作点诗，也足够来畅快叙述幽深内藏的感情了。

这一天，天气晴朗，空气清新，和风温暖，仰首观览到宇宙的浩大，俯身观察大地上万物的繁多，用来舒展眼力，开阔胸怀，足够来极尽视听的欢娱，实在很快乐。

人与人相互交往，很快便度过一生。有的人在室内畅谈自己的胸怀抱负；有的人就着自己所爱好的事物，寄托情怀，放纵无羁地生活。虽然各有各的爱好，安静与躁动各不相同，但当他们对所接触的事物感到高兴时，一时感到自得，感到高兴和满足，（竟然）不知道衰老将要到来。等到对得到或喜爱的东西已经厌倦，感情随着事物的变化而变化，感慨随之产生。过去所喜欢的东西，转瞬间，已经成为旧迹，尚且不能不因为它引发心中的感触，况且寿命长短，听凭造化，最后归结于消灭。古人说："死生毕竟是件大事啊。"怎么能不让人悲痛呢？

每当看到前人所发感慨的原因，其缘由像一张符契那样相扣，总难免要在读前人文章时叹息哀伤，不能明白于心。本来知道把生死等同的说法是不真实的，把长寿和短命等同起来的说法是妄造的。后人看待今人，也就像今人看待前人，可悲呀！所以一个一个记下当时与会的人，记录下他们所作的诗篇。纵使时代变了，事情不同了，但触发人们情怀的原因，他们的思想情趣是一样的。后世的读者，也将对这次集会的诗文有所感慨。

【义理揭示】

修禊、曲水流觞皆是上巳节俗，汉魏之后，嬉游色彩渐增，《兰亭集序》里的曲水流觞便有着兴之所至、随遇而安的意味。东晋永和九年农历三月初三，书圣王羲之偕名士好友在绍兴兰渚山下的兰亭边以曲水流觞，修禊宴集，得诗37首。事后将作品结为一集，由王羲之写了这篇序总述其事。这篇乘兴之作词采清丽，描绘的崇山奇秀，竹林茂密，水流清澈，又集贤者一同饮酒作诗，不仅春色撩人，春意更是丰润。

晋朝时门阀统治已经形成，统治者生活奢侈糜烂，精神空虚。文人既渴望摆脱俗世纷扰，又难以割舍现实中的富贵，生活难得安定，不得不寄情于清谈、山水，甚至是服食丹药。王羲之并非消极厌世者，对虚无之说心存芥蒂。文中谈到生死问题时他强调了个人嗜好和情趣，这样的心境在玄风盛行的社会环境中，较之宿命论是较为客观的。东晋文人的这种游心于淡，出处同归，与他们对大自然的亲近是分不开的。灵秀的山水消散了名士之滞忧，东晋时期的士人已将关注生命意义的注意力转移到对生命闲适程度的渴求上。集天地灵气，成诗文于腹中，流传千古的《兰亭集序》由此产生。

王羲之（303—361），字逸少，东晋时期著名书法家，后世尊其为"书圣"。祖籍琅琊（今属山东临沂），后迁居会稽山阴（今浙江绍兴）。其书法博采众长、自成一家，后人称"王体"。其代表作《兰亭序》被誉为"天下第一行书"，与其子王献之合称为"二王"。

江上寄山阴崔少府国辅

唐·孟浩然

春堤杨柳发，忆与故人期①。

草木本无意，荣枯自有时。

山阴定②远近，江上日相思。

不及兰亭会，空吟祓禊③诗。

注释：

①期：相约。

②定：究竟。

③祓禊：古祭名。源于古代除恶之祭。祓，古代为除灾求福而举行的一种仪式。禊，古代春秋两季在水边举行的清除不祥的祭祀。一说祓禊诗指《兰亭集》中诗作。

【文意疏通】

春日堤边杨柳吐出新芽，回忆与友人相约。

草木原本没有情感，茂盛枯萎有自然规律。

山阴究竟还有多远，身在江上日日思念。

没到兰亭相会之时，只能兀自吟诵祈福的诗歌。

【义理揭示】

兰亭集会上曲水流觞的佳话使上巳节的意义不但是临水洗濯、祛恶祈福、流卵、流枣、流杯的习俗，也是文人逸士以诗结友、以诗会友的标识。

孟浩然二下江东时，与诗人崔国辅相识，并约好第二年春

天同游山阴（今浙江绍兴），但不久崔国辅北上长安"述职"，因事出仓促，没有将此事告知孟浩然。第二年春天，孟浩然自襄阳始程，千里赴约，才知道崔国辅早已入京，于是写了《江上寄山阴崔少府国辅》一诗以寄好友。

　　草木无意人有情，能寻得志趣相投的高雅之士结伴同游，实在是人生之幸，千里赴约也欣然。以兰亭集会、曲水流觞表达与志趣相投之人惺惺相惜的交友愿望，以心相许而不拘形迹的交友态度，并非独此一家。

丽　人　行

唐·杜　甫

三月三日天气新，长安水边多丽人。

态浓意远淑且真，肌理细腻骨肉匀。

绣罗衣裳照暮春，蹙金孔雀银麒麟。

头上何所有，翠微①匌叶②垂鬓唇③。

背后何所见，珠压④腰⑤衱稳称身。

就中云幕椒房亲，赐名大国虢⑥与秦。

紫驼之峰出翠釜，水精之盘行素鳞。

犀箸厌饫⑦久未下，鸾刀缕切空纷纶。

黄门飞鞚⑧不动尘，御厨络绎送八珍。

箫鼓哀吟感鬼神，宾从杂遝实要津。

后来鞍马⑨何逡巡⑩，当轩下马入锦茵。

杨花雪落覆白蘋，青鸟飞去衔红巾⑪。

炙手可热势绝伦，慎莫近前丞相嗔。

注释：

①翠微：青翠色。微，一本作"为"。

②匌（è）叶：匌彩的花叶，匌彩是妇女的发饰。

③鬓唇：鬓边。

④珠压：谓珠按其上，使之不让风吹起，故下云"稳称身"。

⑤腰：这里作腰带解。

⑥虢（guó）：虢国夫人。据《旧唐书·杨贵妃传》，"有姐三人，皆有才貌，玄宗并封国夫人之号"。杨贵妃的大姐嫁给崔家，封韩国夫人；三姐嫁给裴家，封虢国夫人。

⑦厌饫（yù）：吃饱，吃腻。

⑧鞚（kòng）：带嚼子的马笼头。

⑨后来鞍马：指杨国忠，却故意不在这里明说。

⑩逡巡：原意为徘徊缓行，这里是趾高气扬、顾盼自得的意思。

⑪红巾：妇女所用的红帕，这里是说使者在暗递消息。

【文意疏通】

三月三日阳春时节天气清新，长安曲江河畔聚集好多美人。

姿态凝重神情高远文静自然，肌肤丰润胖瘦适中身材匀称。

绫罗绸缎映衬暮春风光，金丝绣的孔雀银丝刺的麒麟。

头上戴的是什么呢？翡翠片花叶直贴到鬓角边。

背后缀的是什么呢？宝珠压住裙腰多么稳当合身。

其中有云幕椒房的后妃至亲，皇上封为虢国和秦国二夫人。

翡翠蒸锅端出香喷的紫驼峰，水晶圆盘送来肥美的白鱼鲜。

因吃腻了故而犀角的筷子久久不动，鸾刀切着细肉丝空忙了一场。

> 宦官骑马飞来却不扬起灰尘，御厨络绎不绝送来海味山珍。
> 笙箫鼓乐缠绵宛转感动鬼神，宾客随从满座都是达官贵人。
> 姗姗来迟的骑马人踌躇满志，到轩门才下马步入锦褥茵亭。
> 白雪似的杨花飘落覆盖浮萍，使者像传情的青鸟勤送红巾。
> 气焰熏灼不可一世天下绝伦，千万不要近前担心丞相恼怒。

【义理揭示】

唐代岁时文化繁荣发达，承袭的上巳节习俗逐渐隐去政治和巫术色彩，世俗精神与嬉游之风一拍即合。唐玄宗开元时规定三月初三休假一日；唐德宗贞元五年（789），朝廷将上巳节列入三令节之一，届时赐缗钱宴会，"文武百僚皆选胜地追赏为乐"，豫游宴饮，纵情娱乐，盛况空前。

曲江赐宴作为隆重的节俗活动，尽显皇家气派，使得曲江成为长安最热闹的地方。民众也皆欢聚游宴于春光旖旎的曲江。由此还催生了达官贵人斗富、竞奢的心理，《丽人行》描绘杨氏兄妹上巳出游宴乐的情景便是骄奢淫逸的奢靡景象的真实写照。华丽的排场、杨国忠的嚣张气焰悉数可见，语极铺张，而讽意自见。《读杜心解》"无一刺讥语，描摹处语语刺讥。无一概叹声，点逗处声声慨叹"，杜诗婉而含讽的风格可窥一斑。

杜甫（712—770），字子美，河南巩县（今河南省巩义市）人，祖籍襄阳。自号少陵野老，唐代伟大的现实主义诗人，与李白合称"李杜"，被后人称为"诗圣"，他的诗被称为"诗史"。至今被保留下来约1500首诗歌，大多集于《杜工部集》。

千　秋　岁①

宋·秦　观

水边沙外，城郭春寒退。花影乱，莺声碎。飘零疏酒盏，离别宽衣带。人不见，碧云暮合空相对。

忆昔西池②会，鹓鹭③同飞盖。携手处，今谁在？日边清梦断，镜里朱颜改。春去也，飞红万点愁如海。

注释：

①千秋岁：词牌名。这首词作于词人被贬处州时。

②西池：汴京（即开封）金明池。

③鹓（yuān）鹭（lù）：两种鸟，古代常以此喻百官。这里指同游金明池的友人及同僚。

【文意疏通】

江水之边沙洲之外，城郭的春寒已经消退。花影摇曳纷乱，黄莺的叫声令人心碎。漂泊的我酒也饮得少了，离别愁绪使我变瘦了。碰不到一个可以谈心的朋友，只得与渐渐合拢的暮云默默相对。

回想元祐年间金明池相会，那时与馆阁同乘公车，好似鹓鹭排成长长的一队。情深携手之处，如今还有谁在？回京的梦想破灭了，青春也不再。春天就要过去，落花漫天飞舞，心中忧愁深似海。

【义理揭示】

《淮海集》卷九："西城宴集，元祐七年三月上巳日，诏赐馆阁花酒，以中浣日游金明池，琼林苑，又会于国夫人园。会者二十有六人。"这段上巳之日与僚友金明池宴集赋诗唱和的情景，由"人不见"自然而然地想起过去的场景，游金明池的美好记忆不仅是因为有众多友人聚集一处吟诗作对，更代表了秦观曾经得意风光的时光。而今连最后一丝回京的幻想也破灭了，青春也一去不复返，愁苦无以排解。今夕比较，场景变化，结尾是全词感情的高潮。"飞红万点愁如海"一句中"飞红万点"与杜甫《曲江对酒》里"一片花飞减却春，风飘万点正愁人"神似，是为警句，为后人称道。

秦观（1049—1100），字太虚，又字少游，汉族，北宋高邮（今属江苏）人，世称淮海先生。其词风格婉约，代表作品有《鹊桥仙》《淮海集》等。

蝶恋花①·上巳召亲族

宋·李清照

永夜②恹恹③欢意少，空梦长安④，认取⑤长安道。为报今年春色好，花光月影宜相照。

随意杯盘⑥虽草草，酒美梅酸⑦，恰称人怀抱。醉里插花花莫笑，可怜春似人将老。

注释：

①蝶恋花：原唐教坊曲名，后用为词牌名。

②永夜：长夜。

③恹恹：精神不振貌。

④长安：原为汉唐故都，这里代指北宋都城汴京。

⑤取：认得。

⑥杯盘：指酒食。

⑦梅酸：代指菜肴可口。梅是古代所必需的调味品。

【文意疏通】

长夜漫漫，精神不振，心情不欢愉。恍惚梦到汴京，梦里认得故地的宫阙城池。为了预示今年的春色美好，朝花夜月交相辉映。

随意备下的酒食虽然有些潦草，但是美酒配可口菜肴很合口味，恰如饮酒之人的辛酸怀抱。酒醉时往头上插花别笑话，感慨春天也会像人一样老去。

【义理揭示】

上阕点明在传统的上巳节，词人心中却不欢愉。梦中熟悉的街道建筑，只能空留在脑海中。春色美则美矣，怎奈何物是人非，全然无法感知其中的春意。下阕切入词题，这场上巳节的宴会，没有传统的水边嬉戏，就连吃食也草草准备，不过简简单单的菜肴却也可口。看似称心，却不如意，隐喻一种淡淡的忧愁。

上巳时值暮春之初，春天就要过去，人亦将老，伤时感怀之意深沉。一说这首词作于诗人南渡后不久，思念故国、怀念家乡、伤感衰老等情绪表现在全词之中。全词饱含词人的深沉情感和对人生的感叹。春光依旧，风景不殊，痛惜江河日下，物是人非。全篇饱含泪水，含意颇深，从现实生活实感运笔，寓国愁于家愁，曲折地表现了深沉的忧国思乡之情。

李清照（1084—约1151），号易安居士，山东省济南章丘人。两宋相交之际的女词人，婉约派著名代表人物，有"千古第一才女"之称。

上巳将过金陵

清·龚鼎孳

倚槛春愁《玉树》[①]飘，空江铁锁[②]野烟销。

兴怀何限兰亭[③]感，流水青山送六朝[④]。

注释：

①玉树：六朝时陈后主沉迷声色，不理朝政，曾作舞曲《玉树后庭花》，时人以为亡国之音。

②空江铁锁：晋武帝命王濬伐吴，吴主孙皓命人用大铁索横于江面，却未能成功拦截晋国的战船，最终吴主投降，吴灭亡。

③兰亭：在今浙江绍兴。东晋永和九年上巳王羲之、谢安等四十一人在兰亭集会，留下曲水流觞的佳话。

④六朝：指吴、东晋、宋、齐、梁、陈六个朝代。

【文意疏通】

凭靠栏杆春愁满腹面对玉树飘零，吴国铁索横江却仍战败灭亡，如今战火硝烟已消散。

引起的感触怎么会仅限于兰亭之感？流水青山尚在，六朝却一去不复返。

【义理揭示】

南京古称金陵，吴、东晋、宋、齐、梁、陈六朝建都于此，也曾经是南明王朝的都城。龚鼎孳是崇祯元年进士，这首诗是他奉使广东，在上巳之日归途经过金陵时所写。全诗借用陈后主作舞曲《玉树后庭花》、吴主用大铁索横于江面，却未能成功拦截晋国的战船，最终投降这两个典故抒发亡国之恨。

流水青山今尚在，六朝和故国却一去不复返，兰亭之感，感人生的短暂、乐事之无常，龚氏之愁，愁家国命运，民族兴衰。

龚鼎孳（1615—1673），字孝升，崇祯元年（1628）进士。清兵入关后做太常寺少卿，康熙时官至礼部尚书。清初时，与钱谦益、吴伟业并称"江左三大家"。

文化倾听

上巳节，俗称三月三，是中国古老的传统节日之一，最初是在三月上旬的第一个巳日，古时称这天为"上巳"，上巳节因此得名。魏晋以后，上巳节被固定在三月初三。民间有流杯、流卵、流枣、乞子、戴柳圈、探春、踏青以及举办歌会等习俗。

有关节日起源的说法有很多。一说起于曲水之宴；一说起于周时水滨祓禊之俗；也有人认为人们熬过严冬，在三月之初春暖花开时，便到郊外游玩，约定俗成，渐成惯例。

这个在中国历史上影响深远，甚至在盛世大唐被官方划定为"三大节日"之一的"宠儿"，有着得天独厚的文化特质，从先秦流传开始就为历代文人的诗词歌赋熏染萦绕，所到之处无不兰草芬芳。然而，曾经举国欢庆的上巳节在今天似乎"销声匿迹"了。实则不然，恰恰是这个看似遗落了的上巳节，具有不容忽视的文化超越力。

魏晋以前，上巳带有政治和巫术色彩。著名的兰亭集会上文人逸士以诗结友，以曲水流觞来庆祝节日，从此上巳节便与文人逸士结下不解之缘。

其实，东晋文人早已意识到除了生活的安置外，还有心灵的承载，希望找到生命继续存活的深意，并外化为对生命存在方式的求索。而《兰亭集序》向世人展示了将个体生命置于山水之中，与大化流衍的生命之流相俯仰的方式。

遥想兰亭宴集时，水边祓禊、流卵、流杯的上巳旧俗自然而然地演变为曲水流觞的节庆活动，王羲之"游目骋怀"之时不免对"人与相与，俯仰一世"的人生命题心生感慨。人的性情有别，自然会对人生做不同的取舍，但人的共同特点是自己遇见高兴的事，就会得到一时的满足，感到无限的愉快，甚至忘乎所以，"不知老之将至"。

历代文人雅士多少都会有意无意地追求"不知老之将至"的人生境界，不刻意回避衰老却又兴之所至，活得忘记时间的人生是多么有滋味。王羲之已认识到将心灵与大自然相契合是人生的超脱，最后他选择寄情山水，自然的灵秀消散了他的滞忧。这反映在他的作品于当时咏物谈玄的泛泛之作中脱颖而出。《兰亭集序》里不仅有娇美春色，更有浓浓的春意。

兰亭继邺下、竹林后，成为魏晋文学人格生成的地理标识，对应着焦虑到重铸的心理流变。王羲之之前是以阮籍为代表，在政治角逐中挺身而出，力图以此达到遁世自救的士人心态；王羲之之后是陶渊明借个体生命和自然生命的高度和谐获

取心灵世界，以保持某种张力平衡。

后世文人逸士未必都会曲水流觞，而后来者在"游目骋怀"之中不免产生对死生的感叹，面对"人与相与，俯仰一世"的人生命题时，性情有别，选择自然不同，但王羲之把"求乐"作为人之共性，并将其描述为人们遇到高兴的事，就会得到一时的满足，感到无限的愉快，甚至忘乎所以，"不知老之将至"，这显然对后世了解中国传统文化有所启发。《论语·述而》："其为人也，发愤忘食，乐以忘忧，不知老之将至云尔。""安"和"乐"作为生活状态和人生态度的表达方式，相互影响，是中国传统文化中无法绕开的话题。

由此可见，节日起源来历、传统习俗因其能作为传统节日的传承直观地呈现在世人面前而固然重要，但也不能忽略了一些已被内化的人文情怀和精神特质。前者会随历史的演进不断变化，政治、经济和环境等因素会促其发展或对其造成制约，而后者更倾向于长期的积淀。对上巳节来说，兰亭集会创生的文化内涵早已内化为中华民族的情感价值、思想观念、思维方式，后代文人雅士获取心灵世界的平衡本身就带着文化超越的印记，而这种穿梭在历史长河中的内化印记早已突破了上巳节本身的时间、习俗限制。后人无需在上巳之日曲水流觞，也能作出"草木本无意，荣枯自有时"的佳句。韶华逝去，好似流水无法倒回，人们对生命意义的探寻随着悠远的文思流转千年。

文化传递

上巳节承载着中华民族的历史与文化，蕴藏着大量独特的民俗生活意境和深远的民族生活气息。随着历史进程的不断推进，诗词歌赋里的节日场面也不停地变化。南朝时"三月三日，士民并出江渚池沼间，为流杯曲水之饮"，好山好水好风光，远离尘嚣，手持美酒一樽，遍寻千里春色。晋代多感慨悲歌之士，仲春之游也免不了触景伤情。唐代气象万千，赐宴曲江，倾城禊饮踏青。宋时添求子之俗。至元代，有水上迎祥之乐。明清以后祓禊之意日益减淡，并逐渐演变为春游节。

关于上巳古俗缘起的传说带有神话色彩。其起源与古代男女择偶制度的发展密切相关，反映了中国早期的祭祀崇拜大多带有对神秘的生命起源的猜想和人类繁衍的美好期望交织而成的特征。

《上巳节与少数民族"三月三"节日文化的比较研究》中论及"上巳节文化的本质意义和发展演变"时，提出"上巳节是民间的一种消灾祈福的祭祀活动，这种活动具有强烈的巫术色彩，主要通过'会男女'、祓禊和曲水流觞等习俗，达到除灾避邪、求偶求育的目的。"以此可知，上巳节最初的意义就是以巫术信仰为依托举行的乞婚配、求生育的习俗活动，这也是民俗学中上巳节的本质意义。从这点上来说，自唐代以后，就很难见到符合本质意义的上巳节大范围流传。即便如此，各地还零星散布着类似的风俗，如浙江海宁的双忠庙会、浙江丽水的龙子庙会、安徽繁昌的接三姑娘、吉林永吉的龙王祭等。

1037年前后成书于日本的《本朝文粹》里有这样的一首诗，"时人得处坐青苔，泛酒清流取次回。水泻右军三日会，花薰东阁万年杯。巡行波月应明府，斟酌沙风最后来。扶醉初知春可乐，鲁儒犹耻洛阳才。"是古代日本三月三日曲水流觞之时

即席创作汉诗的代表作之一，说明日本三月女儿节的缘起。这首诗是很好的材料，因为"水泻右军三日会"，交代清楚了这三月三日曲水流觞源于晋人，"花薰东阁万年杯"则点出了三月上巳节被禊活动本为求平安久寿的目的。

刘晓峰在《上巳节与日本的女儿节》一文中提到："三月三日是日本的女儿节。在日本，这一天又名'雏祭'或'桃花节'，是日本一年中最重要的五个大节日之一……说来这个节日的起源，和中国古代的上巳节实有直接的渊源关系。依照日本典籍的记载，早在一千多年前，上巳节便已经流传到日本。古代的日本人不仅在这一天和中国人一样被禊除邪，而且仿效晋人一样设'曲水之宴'，创作和吟诵汉诗。同时，受中国古代星辰信仰的影响，还在三月三日举行'献御灯'的活动。这些节俗活动经过一千多年的发展演进，最后形成了今天日本的三月三日女儿节。"通过两国间的文化交流，将传统节日传播开来，并形成一套更符合其他国家的新的习俗，也是上巳节文化传递的方式之一。

"佩兰被禊，曲水流觞"，如今，人们也以组织民间诗会、书法集会、共度女儿节等活动来延续上巳文化。

兰亭曲水流觞为上巳平添了雅趣，也对后世产生了深远的影响。直至今日，在大地回春之时，民间诗人会聚集在诗会上。因为漫长的冬季过去，温暖的阳光拂面，正是吟诗作赋的好时光，他们或是即兴创作，或是朗诵名篇，或是踏青登高，不但继承了古代文人的群体意识，延续了兰亭集会的形式，更体验了与志趣相投的友人的欢聚之乐。

由于王羲之被后人尊为"书圣"，因此《兰亭集序》还是书法艺术中的极为高明之作。为了表达对书圣的纪念，三月初三常有书法爱好者挥毫落纸，有的临摹，有的原创；或是各地书法家聚集一处，同时挥毫，吟咏上巳。这样的集会形式是为了纪念大书法家王羲之发起的"兰亭修禊"，旨在营造一种平等、和谐的澄心论道的氛围。

"三月三日天气新，长安水边多丽人。""三月三"，在中国古代又被称为"女儿节"，一场仿唐代公主成人仪式的典礼曾在西安大明宫遗址内举行。身着汉服的美丽女孩，以别致新颖的方式一同完成了自己的成人礼。在笄礼现场，一群花样少女身着彩色高腰襦裙，高髻峨冠，以其新颖别致和充满传统文化底蕴的演示表演，展现了华夏礼仪的风采。此次上巳节的活动议程有成人礼前教育、成人礼仪式以及成人礼后射礼。其中以成人礼仪式为主，有开始、升座、三加、三醮、取字、醴词、家训等程序。

伴随着古朴、优雅的唐代礼乐，女孩们身穿彩衣向正宾行拜师礼，献拜师帖、献酒，随后是就位、迎冠、行礼、梳头等一系列仪式，宣告了年轻的女孩已长大成人。庄重的仪式感使年轻人更加重视自己的社会责任，深刻领会社会对自身的道德要求，也重新唤回了人们对于上巳传统的美好记忆。

文化感悟

1. 你还知道哪些上巳节的各地风俗？这些旧俗的来历是什么？

2. 社会思想对传统节日的习俗、文化的发展和制约有哪

些具体的表现？请结合《兰亭集序》和《丽人行》作简要说明。

3. 有人说，兰亭曲水流觞给上巳节增添了文化气息，对后世影响久远。你同意这样的说法吗？为什么？

第四章　哀思绵绵清明节

文化典籍

介子推不言禄

《左传·僖公二十四年》

晋侯①赏从亡者，介子推②不言禄，禄亦弗及。

推曰："献公③之子九人，唯君在矣。惠、怀无亲，外内弃之。天未绝晋，必将有主。主晋祀者，非君而谁？天实置之，而二三子④以为己力，不亦诬乎？窃人之财，犹谓之盗；况贪天之功，以为己力乎？下义其罪，上赏其奸；上下相蒙，难与处矣。"其母曰："盍亦求之，以死谁怼⑤？"对曰："尤而效之，罪又甚焉！且出怨言，不食其食。"其母曰："亦使知之，若何？"对曰："言，身之文也；身将隐，焉用文之？是求显也。"其母曰："能如是乎？与女偕隐。"遂隐而死。

晋侯求之不获，以绵上⑥为之田⑦，曰："以志⑧吾过，且旌⑨善人。"

注释：

①晋侯：指晋文公重耳。起初重耳遭追杀逃亡在外，后经秦国的帮助回晋国继承君位。

②介子推：晋文公臣子，曾割自己腿上的肉以食文公。

③献公：晋献公，晋文公重耳之父。

④二三子：指跟随文公逃亡的人。

⑤憝（duì）：怨恨。

⑥绵上：地名，今山西介休县南、沁源县西北的介山之下。

⑦田：祭田。

⑧志：记下，记住。

⑨旌（jīng）：表彰，发扬。

【文意疏通】

晋文公赏赐跟着他逃亡的人们，介子推不去要求高官厚禄，而晋文公赏赐时也没有分发到他。

介子推说："献公的儿子有九个，现在唯独国君还在人世。惠公、怀公没有亲信，国内外都抛弃他们。因为上天没有打算灭绝晋国，所以必定会有君主。主持晋国祭祀的人，不是君王又是谁呢？上天实际已经安排好了的，而跟随文公逃亡的人却认为是自己的贡献，这不是欺骗吗？偷窃别人的钱财，都说是盗窃，更何况贪图上天的功劳，将其作为自己的贡献呢？在下的臣子将罪当作道义，在上的国君对这奸诈的人给予赏赐。上下互相欺瞒，我难以和他们相处。"他的母亲说："你为什么不也去要求赏赐呢？这样贫穷地死去又能去埋怨谁呢？"介子推回答说："责备这种行为而又效仿它，罪更重啊！况且说出埋怨的话了，以后不能吃他的俸禄了。"他的母亲说："也让国君知道这事，好吗？"介子推回答说："言语，是身体的装饰。身体将要隐居了，还要装饰它吗？这样是乞求显贵啊。"他的母亲说："你能够这样做吗？那么我和你一起隐居。"于是他们便一直隐居到死去。

晋文公没有找到他，便用绵上作为他的祭田。晋文公说："用它来记下我的过失，并且表彰善良的人。"

【义理揭示】

民间对于介子推不邀功、偕母归隐还有另一种传说：晋文公寻找介子推时，一路寻到绵山。御林军奉命到山上搜寻，却始终没有找到介子推母子。随后，晋文公听取周围人的意见，下令举火烧山，孰料大火烧了三天三夜，也不见介子推出来。原来介子推母子俩抱着一棵大柳树死去了。晋文公望着介子推的尸体哭拜一阵，然后把介子推和他的母亲分别安葬在那棵烧焦的大柳树下。为了纪念介子推，晋文公下令把定阳改为"介休"，在山上建立祠堂，并把放火烧山的这一天定为寒食节，晓谕全国，每年这天禁忌烟火，只吃寒食。他还砍伐了一段烧焦的柳木，制成一双木屐，每天望着它叹道："悲哉足下。"这就是"足下"的由来。

后来，每逢介子推的祭日，人们都以禁止烟火的方式来表示纪念，许多人都将这段传说作为寒食的起源。每逢寒食节这天，人们不生火做饭，只吃冷食。在北方，老百姓只吃事先做好的冷食，如枣饼、麦糕等；在南方，则多为青团和糯米糖藕。每届寒食节，人们把柳条编成圈儿戴在头上，把柳条枝插

在房前屋后，以示怀念。

清明二首（选一）

唐·杜 甫

此身漂泊苦西东，右臂偏枯①半耳聋。

寂寂系舟双下泪，悠悠伏枕左书②空。

十年蹴鞠③将雏④远，万里秋千习俗同。

旅雁上云归紫塞⑤，家人钻火⑥用青枫。

秦城楼阁烟花里，汉主山河⑦锦绣中。

风水春来洞庭阔，白苹⑧愁杀白头翁。

注释：

①偏枯：半身不遂。

②左书：用左手书写。

③蹴（cù）鞠（jū）：古代民间广泛流行的一种类似足球的活动。

④将雏：携子而行。

⑤紫塞：北方边塞，此处代指京都长安。

⑥钻火：古人钻木取火。据记载称"春取榆柳之火"，杜甫因举家漂
　　泊外乡，只能将就用枫木取火。

⑦汉主山河：长安为汉代京都，此处用来代指长安一带。

⑧白苹：一种水生植物。

【文意疏通】

一生漂泊辗转，右臂难以动弹，耳朵也聋了。孤寂地泛舟

水上，不禁落泪，悠悠地伏在枕头上想用左手书写却写不出。在四川过了十个清明节，现在将要远离，清明荡秋千的习俗却是哪里都相同。北飞的旅雁在空中归往京都长安，举家迁徙后只能用枫木取火。长安的楼阁春景绮丽，山河风景秀丽。春风拂过洞庭湖水，水面开阔，水中的白苹让白发渔夫忧愁。

【义理揭示】

这首诗是《清明二首》之一，漂泊无依、贫病交加的诗人，在生命即将走到尽头时，虽已困窘不堪，但始终割舍不下"秦城楼阁"和"汉主山河"。杜甫之前因营救房琯触犯天威，被贬为华州司功参军，从此离开朝廷，开始最后十余年的漂泊生涯。《清明二首》写于唐代宗大历四年（769）春，第二年杜甫就病死于洞庭舟中。政治的重创使诗人不得不举家迁徙，全诗的前四句是对诗人以久病之身漂泊湖上的凄苦之状的真实刻画。中间四句今昔对比，经历了十年的颠沛流离，仍旧似北飞的大雁，思归心切。末尾四句是念长安而不得见，慨叹尽在茫茫湖水中。全诗巧用复字、叠词，展开了一卷富有地方特色的清明风俗画。

清　　明

唐·杜　牧

清明时节雨纷纷，路上行人欲断魂①。
借问②酒家何处有，牧童遥指杏花村。

注释：

　　①欲断魂：形容愁苦极深，神魂要与身体分离一般。

　　②借问：请问。

【文意疏通】

　　清明节这天细雨纷纷，路上远行的人们好像断魂一样迷乱凄凉。问一声牧童哪里才有酒家？牧童指了指远处的杏花村。

【义理揭示】

　　纷纷细雨打湿匆匆赶路的行人的衣衫，清明节原本应踏青游玩、上坟扫墓，此时却不免触景伤怀，愁绪迭起。周汝昌赏析《清明》时，认为"这首小诗，一个难字也没有，一个典故也不用，整篇是十分通俗的语言，写得自如之极，毫无经营造作之痕。音节十分和谐圆满，景象非常清新、生动，而又境界优美、兴味隐跃。诗由篇法讲也很自然，是顺叙的写法。第一句交代情景、环境、气氛，是'起'；第二句是'承'，写出了人物，显示了人物的凄迷纷乱的心境；第三句是'转'，提出了如何摆脱这种心境的办法；而这就直接逼出了第四句，成为整篇的精彩所在——'合'。在艺术上，这是由低而高、逐步上升、高潮顶点放在最后的手法。所谓高潮顶点，却又不是一览无余，索然兴尽，而是余韵邈然，耐人寻味"。

　　杜牧（803—853），字牧之，号樊川居士，京兆万年（今陕西西安）人。唐代杰出诗人、散文家，宰相杜佑之孙。晚年居长安南樊川别墅，故后世称"杜樊川"，著有《樊川文集》，以七言绝句著称。

寒　食

唐·韩　翃

春城无处不飞花，寒食东风御柳①斜。

日暮汉宫传蜡烛②，轻烟散入五侯③家。

注释：

①御柳：皇宫里的柳树。

②传蜡烛：寒食节本该禁火，但公侯之家受赐可以点蜡烛。

③五侯：《汉书·之后传》载，汉成帝时封王谭等五个外戚为侯，世
　　称"五侯"。此处指豪门贵族。

【文意疏通】

春天的长安城里处处飘飞着落花，寒食节那一天东风拂
过，吹得御花园的柳枝斜斜摆动。

黄昏时宫中传出御赐的烛火，轻烟散入了新封的王侯之家。

【义理揭示】

这是一首有名的讽喻诗。蘅塘退士批注："唐代宦者之盛，
不减于桓灵。诗比讽深远。"寒食节禁火，然而受宠的宦者，却
得到皇帝的特赐火烛。本诗的讽刺对象就是这样一些手握特权
的人。首二句写仲春景色；后二句暗寓讽喻之情，含隐巧妙，
入木三分。根据《本事诗》中的记录，这首诗颇为唐德宗赏

识，亲书"春城无处不飞花"全句，并批道"与此韩翃"，成为一段佳话。

韩翃（生卒年不详），字君平，南阳（今属河南）人，唐代诗人，"大历十才子"之一。因作一首《寒食》被唐德宗所赏识，官终中书舍人。

郊行即事

宋·程 颢

芳原绿野恣行①时，春入遥山②碧四围。
兴③逐乱红④穿柳巷，困临流水坐苔矶。
莫辞盏酒十分醉，只恐风花一片飞。
况是清明好天气，不妨游衍⑤莫忘归。

注释：

①恣行：尽情游赏。

②遥山：远山。

③兴：随兴。

④乱红：指落花。

⑤游衍：恣意游逛。

【文意疏通】

我在长满芳草花卉的原野尽情地游玩，目睹春色已到远山，四周一片碧绿。乘着兴致追逐随风飘飞的红色花瓣，穿过柳丝飘摇的小巷；感到困倦时，对着溪边流水，坐在长满青苔

的石头上休息。休要推辞这杯酒，休要辜负十分诚挚劝酒的心意，只是怕风吹花落，一片片飞散了。况且今日是清明佳节，又遇着好天气，不妨恣意游玩，但不可乐而忘返。

【义理揭示】

全诗先写郊外踏春时的景象，后抒发清明郊游所见所得的感想。诗里描绘的清明这天不似往常春雨连绵，而是好天气、好景致。前两句写诗人游兴甚浓，追逐落花穿过小巷，累了就在石头上休憩，如此自由惬意。后两句则是诗人临水沉思时，渐飘渐远的落花使他想起朋友相聚的过往场景，落花本无意，观者自有心，但凡人生中所遇的事物感情，终究有一天会烟消云散，心中陡生珍惜友情、珍惜时光的想法。

程颢（hào），字伯淳，号明道，世称明道先生，和其弟程颐学于周敦颐，世称"二程"，同为北宋理学的奠基者，其学说在理学发展史上占有重要地位，后来为朱熹所继承和发展，世称程朱学派。

清 明 日

宋·高翥

南北山头多墓田，清明祭扫各纷然①。
纸灰飞作白蝴蝶，泪血染成红杜鹃。
日落狐狸眠冢上，夜归儿女笑灯前。
人生有酒须当醉，一滴何曾到九泉②。

注释：

①纷然：众多繁忙的意思。

②九泉：地下深处，埋葬死人的地方。

【文意疏通】

清明这一天，南山北山到处都是忙于上坟祭扫的人群。纸灰像白色的蝴蝶到处飞舞，凄惨地哭泣，如同杜鹃鸟哀啼时要吐出血来一般。黄昏时，静寂的坟场一片荒凉，只有狐狸躺在坟上睡觉。夜晚，上坟归来的儿女们在灯前欢声笑语。人活着时有酒就应当饮，有福就应该享。人死之后，儿女们到坟前祭祀的酒哪有一滴流到过阴间呢？

【义理揭示】

清明上坟祭扫容易引发在世之人对生命的思考。高翥的《清明》一诗写物景、写人景，生动形象地描绘了古人郊野扫墓、悼念亡人的场面，好不凄然。颔联里以漫天纸灰写出祭扫风俗之盛，一句"泪血染成红杜鹃"化用杜鹃啼血，表达了在世之人对亡故的亲人深切的思念。眼泪已经哭干，啼出来的都是鲜血，使人震撼。颈联话锋一转以狐狸眠冢的虚景引出上坟归来的人们欢声笑语的样子。"狐死必首丘"，而人们虽然在祭扫之时哭哭啼啼，但平日里竟无丝毫的伤心，强烈的反差令人深思。孩子们在灯前玩闹嬉戏，他们怎么会知道生离死别的痛苦？诗人在尾联终于道出了本意：人生有酒须当醉。一个"醉"字，形象地概括了尽情享受的体验。快乐与温暖，会随着人的离世而结束，至于今后所有的祭奠，只不过是一种生者的自我安慰，逝者是无法感知、无从知晓的。

高翥（zhù）（1170—1241），字九万，号菊磵，余姚（今属浙江）人。江湖诗派的重要代表人物，有"江湖游士"之称。

清 明

宋·黄庭坚

佳节清明桃李笑①，野田荒冢②只生愁。
雷惊天地龙蛇蛰③，雨足郊原草木柔。
人乞祭余骄妾妇④，士甘焚死不公侯⑤。
贤愚千载知谁是⑥，满眼蓬蒿⑦共一丘。

注释：

①桃李笑：形容桃花、李花盛开。

②冢：坟墓。

③蛰：动物冬眠。

④人乞祭余骄妾妇：《孟子》中的一个寓言，齐人在坟墓前求祭品充饥，反而在其妻妾面前夸耀有富人请他喝酒。

⑤士甘焚死不公侯：即春秋时介子推不贪公侯富贵，宁可被火焚死也不下山做官的典故。

⑥是：对，正确。

⑦蓬蒿：茼蒿的俗称，这里指杂草。

【文意疏通】

清明时节，桃李含笑盛开，但野田荒坟却是一片凄凉，令

人哀愁。春雷惊天动地，惊醒了蛰伏的龙蛇，春天雨水充足，郊外原野上的草木长得很柔嫩。过去有个齐国人在坟墓前乞求祭品充饥，回家却向妻妾炫耀，说富人请他喝酒。与此相反，晋国志士介子推不贪公侯富贵，宁可被火焚死也不下山做官。悠悠千载，贤愚混杂，谁是谁非？最后都是掩埋在长满野草的荒坟中。

【义理揭示】

　　本诗由清明节时桃李盛开与野田荒坟的凄凉场景形成对比，写出万物复苏的自然界景象又与荒草遍地的土丘有着天壤之别。颔联用两个典故，由清明扫墓想到齐人乞食，由寒食禁烟想到介子推焚死，不论贤愚，到头来都是一抔黄土。诗人一生政治命运多舛，又受到禅宗思想的浓厚影响，此时因大自然的勃勃生机想到人世间不可逃脱的死亡命运，悲戚的情绪缠绕心头，大有不吐不快的意味。

　　黄庭坚（1045—1105），字鲁直，自号山谷，晚号涪翁，又称豫章黄先生，洪州分宁（今江西省九江市修水县）人。北宋诗人、词人、书法家，宋英宗治平四年（1067）进士。因诗词造诣，与苏轼并称为"苏黄"，又与苏轼、米芾、蔡襄并称为书法"宋代四大家"。

三台^①·清明应制

宋·万俟咏

见梨花初带夜月，海棠半含朝雨。内苑^②春、不禁过青门，御沟涨、潜通南浦。东风静，细柳垂金缕。望凤阙、非烟非雾。好时代、朝野多欢，遍九陌③、太平箫鼓。

乍莺儿百啭断续。燕子飞来飞去。近绿水、台榭映秋千，斗草聚、双双游女。饧④香更、酒冷踏青路。会暗识、夭桃朱户。向晚骤、宝马雕鞍，醉襟惹、乱花飞絮。

正轻寒轻暖漏永⑤，半阴半晴云暮。禁火⑥天、已是试新妆，岁华到、三分佳处。清明看、汉蜡传宫炬。散翠烟、飞入槐府⑦。敛兵卫、阊阖门开，住传宣⑧、又还休务⑨。

注释：

①三台：原为唐教坊曲名。

②内苑：皇宫花园。

③九陌：都城主路。

④饧（táng）：麦芽糖。

⑤漏永：形容长夜漫漫。

⑥禁火：古俗，寒食日禁火三天。

⑦槐府：指贵人宅第。

⑧住传宣：停止传旨，宣官员上殿。

⑨休务：停止公务。

【文意疏通】

看如雪的梨花刚刚缀上西斜的夜月，海棠花瓣已半含了清晨的雨露。内苑里春意盎然，青门撤了禁制让游人随意出入，御沟里水漫涨，暗暗涌向南浦。微微的东风，吹得垂柳飘荡，如同万千金缕在飘摇。这正是大好时代，朝野上下一片欢腾鼓

舞。京都大道奏响太平箫鼓。

骤然间，黄莺鸟百啭娇啼断断续续，燕子追逐着飞来飞去。靠近一池绿水，亭台水榭与秋千相映成趣。斗草的人儿聚在一起，是那成双结伴的游女。踏青路上，更有冷酒和糖饧。我会寻找辨识那桃花美人居住的朱红门。天色匆匆，很快昏晚，乘着雕鞍宝马归去。醉酒时溅湿的衣襟，沾惹了凌乱的花片、飘飞的柳絮。

正当轻寒微暖的长夜，雨后半阴半晴的昏暮。在禁火的寒食天，人们已开始试着穿上春服，春季岁月降临，自有胜过严寒的三分佳处。清明节时你看，从皇宫传送出火炬蜡烛，弥漫着青烟，飞入槐树高耸的宅府。撤去兵卫，敞开京都宫殿大门，宫廷暂住传宣大臣，还停止了官府机关的公务。

【义理揭示】

这首词题为"清明应制"，是奉旨意咏清明节序而作。首先写春色先到皇家，然后传遍京城内外，后描绘暮春时节的自然气候及民间过清明的风俗，最后"试新妆"的喜气，官邸、宫廷传蜡烛"燃新火"的景象，渲染了天下太平的盛世场面。全词极尽铺张之能事，却又如同一卷清明风俗画，既歌颂了朝廷的恩泽庇佑，又生动描绘了清明时的民间众生相。

万俟咏（"万俟"是复姓，音 mò qí），北宋末年、南宋初年的词人。字雅言，自号大梁词隐，存词27首。

苏堤①清明即事②

宋·吴惟信

梨花风③起正清明，游子寻春半出城。

日暮笙歌④收拾去，万株杨柳属流莺。

注释：

①苏堤：北宋哲宗元祐年间苏轼任杭州刺史时建于西湖。

②即事：歌咏眼前景物。

③梨花风：古代认为从小寒至谷雨有二十四番应花期而来的风，梨花风后不久即是清明。

④笙歌：乐声、歌声。

【文意疏通】

春光明媚、和风徐徐的西子湖畔，游人纷纷出城游春。到了傍晚，踏青游湖的人们已散，笙歌已歇，但西湖却万树流莺，鸣声婉转，春色依旧。

【义理揭示】

古人常说"朝朝清明，夜夜元宵"，可见清明节是当时比较重要的节日。本诗为南宋诗人吴惟信所作，诗中将清明佳节的苏堤游春描摹得有声有色。前两句写西湖春景和游春的热闹场面。后两句说日暮人散以后，景色更加幽美，出游的人既然不懂欣赏，就让给飞回来的黄莺享受去吧。该诗意境与周密《曲游春》词里"沸十里、乱弦丛笛。看画船，尽入西泠，闲却半湖春色"相似。这首诗对大好春光和游春乐境并未作具体渲

染，却从侧面措词反映了清明时节郊游踏青的乐趣。

吴惟信，字仲孚，雪川（今浙江吴兴）人，南宋后期诗人。

风 入 松

宋·吴文英

听风听雨过清明。愁草①瘗②花铭③。楼前绿暗④分携⑤路，一丝柳、一寸柔情。料峭⑥春寒中酒⑦，交加⑧晓梦啼莺。

西园日日扫林亭。依旧赏新晴。黄蜂频扑秋千索，有当时、纤手香凝。惆怅双鸳⑨不到，幽阶一夜苔生。

注释：

①愁草：怀着忧愁的心情写。草，起草，拟写。

②瘗（yì）：埋葬。

③铭：文体的一种。

④绿暗：形容绿柳成荫。

⑤分携：分手，分别。

⑥料峭：形容春寒。

⑦中酒：醉酒。

⑧交加：形容杂乱。

⑨双鸳：指女子的绣花鞋，这里兼指女子本人。

【文意疏通】

听着凄风苦雨之声，我独自寂寞地过着清明。掩埋好遍地的落花，我满怀忧愁地起草葬花之铭。楼前依依惜别的地方，如今已是一片浓密的绿荫。每一缕柳丝，都寄托着一分柔情。料峭的春寒中，我独自喝着闷酒，想借梦境去与佳人重逢，不料又被啼莺唤醒。

西园的亭台和树林，每天我都派人去打扫干净，依旧到这里来欣赏新晴的美景。蜜蜂频频扑向你荡过的秋千，绳索上还有你纤手握过而留下的芳馨。我是多么惆怅伤心，你总是没有音信。幽寂的空阶上，苔藓竟在一夜间长出。

【义理揭示】

连日风雨、意境凄凉，《风入松》一词可谓语浅意深。起句貌似简单，不像梦窗绵丽的风格，但用意颇深，不仅点出时间，而且勾勒出内心细腻的情愫。先是伤春，再写伤别，最后伤春与伤别感触交杂，意蕴深邃。下阕所写的西园在吴地，是词人与心爱之人的寓所，两人亦在此分手，所以西园成了悲欢交织之地。吴文英词中常提到此地，可见魂牵梦萦，往事难忘。《词综偶评》中称"此是梦窗极经意词，有五季遗响。'黄蜂'二句，是痴语，是深语。结处见温厚"。

吴文英（约1212—约1272），南宋著名词人。字君特，号梦窗，晚年又号觉翁，四明（今浙江省宁波市）人。其词瑰丽工整，喜堆砌雕琢。

文化倾听

"燕子来时新社，梨花落后清明。"清明是"二十四节气"之一。清明承启于何时已无法定论，农耕时代探索气候、物候

规律，意在顺时而作，清明与其他节气大抵由此产生。

古人把每年三百六十五天平均划分为二十四个时间上的节点。它综合了天文学、气象学、农作物生长特点等方面的知识和经验，至今仍在我国农业生产中使用。按农历推衍，清明应在冬至后的第108天。

起初，清明与另外的二十三个节气在本质上是相同的，后来，随着上巳、寒食这些文化节日内容的融入，将清明的文化含义拓展至人文空间，并且有了一些新的习俗活动，使清明不再是一个天气物候的标识，而是兼具历史渊源、文化内涵和民俗活动的节日。

清明节承继了上巳嬉春踏青的习俗，又有介子推舍生成仁的动人故事警喻后世，这些都催发了文人的诗情雅兴，留下了不少名篇佳句。其中，感时、思人、尚贤是清明诗歌中较为常见的主题。

唐玄宗时有敕曰："寒食上墓，礼经无文。近世相传，浸以成俗。士庶有不合庙享，何以用展孝思？宜许上墓，用拜扫礼，于茔南门外奠祭，撤馔讫，泣辞，食余于他所，不得作乐。仍编入礼典，永为常式。"可见，寒食上墓之俗无疑已浸染了清明节的习俗。"风光烟火清明日，歌哭悲欢城市间""故里欲清明，临风堪恸哭"等历代清明扫墓的诗词歌赋里都含有悲恸思亲之情。如果游子远在他乡，寒食清明之日无法回乡祭拜，便可以朝着故乡的方向，望乡而拜，以尽哀思，"远人无坟水头祭，还引妇姑望乡拜"，感叹之余也只能望乡遥拜。

"孝"是中国人历来最重视的品质，随华夏民族的血脉延续迸发出源源不断的生命力。思念故去的亲人是"孝道"的动情演绎，这也成为了清明节能盛行千年而不衰的主要原因。怀念先人是生命意识的自然流露，因此清明节也使人不自觉地思考生命的品质和价值，杜甫、高翥、程颢等人的清明诗词中都有类似意向的流露。

对于古人来说，清明节前后也是踏青的日子。在科技还没有足够先进到调节室温、没有发达到培育出"反季节"的作物时，古人把对季节的敏感写入诗篇，体现了人与自然的和谐共鸣。"少年分日作遨游，不用清明兼上巳""著处繁华矜是日，长沙千人万人出。波头翠柳艳明眉，争道朱蹄骄啮膝"，写的都是清明节人们竞相出游、赏春踏青的情景。《中国传统节日文化》指出，"清明踏青游乐的习俗，继承了古代上巳节的传统"，对久已存在的民间习俗的作用毕竟有限，人们祭奠之余依旧娱乐。有关踏青的这些诗歌也说明了清明、寒食、上巳三个节日的内容不断交叉、重合，在形成节日群的同时，可由其中一个节日的名称来代指。

诗词歌赋里的感时、思人的意绪，彰显了生态清明、生命清明的情感主体，寒食节的文化融合，为清明节增添了政治清明的深刻寓意。

寒食节距冬至105日，距清明也不过一两天。这个节日的主要节俗就是禁火，不许生火煮食，只能吃备好的熟食、冷食。相传寒食节的由来与《左传》里的一个人物介子推有关。《介子推不言禄》以对话的形式反映了介子推不邀功、舍生成仁的精神品质。

割肉奉君尽丹心，但愿主公常清明。

柳下做鬼终不见，强似伴君作谏臣。

倘若主公心有我，忆我之时常自省。

臣在九泉心无愧，勤政清明复清明。

八句诗句，三见"清明"，介子推用生命所作的诗道出了世世代代的人们对于政治清明的无限向往。关于清明的历代诗歌中也有化用"介子推不言禄"这一典故的诗句，如黄庭坚《清明》里"士甘焚死不公侯"一句，就是诗人由寒食禁烟想到介子推焚死，发出不论贤愚，到头来都是一抔黄土的慨叹。

其实，寒食节的源头要追溯到古代的钻木、求新火之制。古人因季节不同，用不同的树木钻火，有改季改火之俗，而每次改火之后，就要换取新火。新火未至，就禁止人们生火。这是当时的一件大事。杜甫的《清明二首》（之一）就能看出各地用来钻火的树木有所不同。《周礼·秋官·司爟氏》："中春以木铎修火禁于国中。"司爟氏，也就是专管取火的小官。可见当时司爟氏是摇着木铎，在街上走，下令禁火。在禁火之时，人们就准备一些冷食，以供食用，这样慢慢就成了固定的风俗了。以后，才与介子推的传说相联系，成了寒食节，日期长达一个月。由于这毕竟不利于健康，因此以后便缩短日期，从七天、三天逐渐改为一天，唐代之后便融合在清明节中了。

随着清明节文化内涵的不断拓展，出现了一些富有时代特色的游戏、竞技的内容，为节日增添了娱乐色彩，历代的清明节诗文中都有这些活动的零星点缀。"十年蹴鞠将雏远，万里秋千习俗同""紫陌乱嘶红叱拨，绿杨高映画秋千"写的是秋千游戏；"彩绳拂花去，轻球度阁来"写的是饶有特色的蹴鞠活动；"不得高飞便，回头望纸鸢"描绘了放风筝的习俗；"长翘频扫阵，利爪屡通中。飞毛遍绿野，洒血渍芳丛。虽然百战胜，会自不论功"则写了斗鸡的真实场面。秋千、蹴鞠、放风筝、斗鸡等活动虽不是清明节才有的活动，但春风习习的清明节为这样的户外活动提供了气候上的便利，便逐渐形成了风气。

被悲与乐的情感线索贯穿着的清明节，"慎终追远、感恩致敬"是其始终如一的文化要素。感受天地间的清朗，传递尚贤崇德的追求与向往，荡涤心灵，勾勒生命清明。

文化传递

2010年，上海世博园内最耀眼的标志当属遍身中国红的"东方之冠"，当人们真正进入中国馆，尝试体会品悟"城市发展中的中华智慧"时，虽早有心理准备，却还是被那幅100多米长、6米高的动画版《清明上河图》所震撼。有幸入馆一睹其"芳泽"的人们皆为之叹服，纷纷感慨其中蕴藏的"中国智慧"。

《清明上河图》是中国十大传世名画之一，北宋画家张择端仅见的存世精品。该图宽24.8厘米，长528.7厘米，栩栩如生地描绘了北宋都城汴京的日常社会生活与习俗风情。画名中"清明"有"清明节之意""清明坊之意""清明盛世之意"三种观点。郑振铎和徐邦达先生等老专家都持第一种观点。然而，这些观念的分歧丝毫不会影响《清明上河图》丰厚的历史价值和文化价值。此图是反映北宋民俗、北宋城市格局的"瑰宝"。

世博会中国馆内通过声光电创造性地重现了这幅名画，动态的图卷让观摩的人们如同置身12世纪的汴京街头，真正做了一回"画中人"。下面节选上海市特级教师于漪为大家讲解这幅动画《清明上河图》的讲解词，希望这场时间、空间的"穿越"让你

真切感受到"原来历史文化、民俗民情也能这样再现"。

金色的记忆　灿烂的前景（节选）

于　漪

世博会是世界的微缩，参加国别之多，展览文化、科技之纷繁多样，俨然已成为一个"小世界"。世博会历来有促进青少年了解世界、追求科技创新的好传统。1970年日本大阪世博会对日本学生向往科技、实践科技、追求创新起到很大作用。而今，世博会办到我们上海家门口，须珍惜与掌握这百年难得的机遇参观世博、了解世界，让青少年学生扩大视野，接受一次生动具体的科技创新教育，思考人类进步发展应走的路径，在精神上获得激励，增加责任感和求知欲。

最早的世博会名为万国博览会，呈现的主要是工业方面的产品、技术，偏重物质文明。经过一个多世纪的发展，人类遇到了环境、资源、生态等方面的许多问题，人类必须直面，必须反思，必须寻求共识，找到解决问题的途径。为此，从20世纪中叶起，世博会就不仅仅是商品、技术的展示，更是思想观念、思想文化的交流，这次上海世博会以"城市，让生活更美好"为主题，正是为了追求城市发展中的低碳、环保、可持续发展，达到城市与人、城市与自然的和谐发展。从理念上说，认识显著提升，对人类的生存发展作了整体性思考，技术的创新要为人类生存环境的改善服务。从战略上讲，聚焦在城市更有其特定意义，城市是人口最集中的地方，从物质到精神各种问题复杂、交错，自然界既难以承受无节制的开发，又难以承受人类无休止制造的污染。城市与人、城市与自然必须和谐相处，才能做到可持续发展。这个主题的内涵既饱含高科技的物质，更饱含高素质的精神，让参观者深受教育，明确城市、人类发展的方向，从而自省、自悟、自律，获得适合时代需要的提升。

在诸多展馆中，最激动人心的当然是中国馆。身披"中国红"，层叠出挑，古朴大气。那雄浑威仪之势，端庄华美之姿，让你不由自主地感受到中华民族历史的厚重与文化的源远流长，不由自主地脑子里会跳出许多美妙的词汇：伟大、刚强、奋斗、开拓……跨越一个个台阶，随人流涌入，幸福、神圣的感觉使你浑身有用不完的劲儿。

展馆布局匠心独运，展示以"寻觅"为主线，带领参观者行走于"东方足迹""寻觅之旅""低碳未来"三个展区，发现并感悟城市发展中的中华智慧。展馆从当代切入，巨大的屏幕凸显了30多年来中国城市文化的进程、规模和成就，许多事情我们亲眼所见，亲耳所闻，亲身经历，观看时倍感亲切，倍感温馨。"回顾"有时是最好的老师，使人从无意识到有意识，从模糊到清晰，辨识路是怎么走过来的，能清醒地懂得什么是珍惜。

《清明上河图》的展览是"东方足迹"展区的高潮。参观者拥着、挤着，有的踮起脚，有的指指点点，有的交头接耳，有的蹲下身子把手伸到"河水"中，伸下去方知波光粼粼的不是水——受了光波的"骗"了。

《清明上河图》是北宋风俗画的极品，以清明时节为题，描绘城市经济的繁荣景象。宋代城市风俗画的发轫是由于宋代经济的发展，城市的进一步形成和城市布局发生了变化。刘敦桢在《中国古代建筑史》中论及宋时城市时说："宋、辽、金时期由于唐末五代以来手工业和商业的发展，全国各地出现了若干中型城

市，城市的布局也发生了变化。"北宋城市在手工业和商业高度发展下出现了繁荣景象。人烟稠密，人流货流集中，房屋拥挤，有些酒楼都是二三层的建筑，热闹街市的临街房屋也有二至三层的。

《清明上河图》是绢本，长 5 米多，描绘了清明时节汴京当日繁盛热闹的城乡、街市、水道间的形形色色，全景式构图，刻画细致。各色人物多达 550 余人，各种牲畜 60 多匹、各式船只 20 多艘、房屋楼阁 30 多幢、推车乘轿也有 20 多辆，场面十分壮观。全画大抵可分为三个部分：第一部分是汴京郊野的春光。草舍瓦屋，小桥流水，老树，扁舟，柳林，骑马的，挑担的，抬轿的。第二部分是繁忙的汴河码头。人烟稠密，粮船云集。第三部分是热闹的市区街道，城楼高大，屋宇鳞次栉比。活跃的古代社会生活在画中形象地再现。

《清明上河图》的画面是感人的，与文字记载比较，毕竟胜了一筹。但无论怎样妙笔生花，画面呈现的终究是静态。中国馆展示的《清明上河图》出现了奇迹，一个个人活动起来，生动活泼地再现了 900 年前汴京社会繁华生活的情景。行路人的姿态各不一样，挑担往前迈的，肩扛货物身子往前倾的，乘轿人眼睛往轿外张望着的；划船者齐心协力，仿佛听到橹划水的节奏分明的声音。太平车体量大，牛在拉，前面一头牛还回过头来往后瞧，异常生动。高大的城楼是这幅画面的最高点，蔚为壮观。一头骆驼正从城门踱步而去，后面的骆驼跟随着，驮货的骆驼队的行进，与城门脚下坐着闲聊的两个人构成动静相映的生动景象。夜幕降临，酒肆、茶楼、沿街各式店铺灯亮了起来，黄黄的，晕晕的，影影绰绰的，有罗列杯盘、互相劝酬的，有买卖交易的，有说书娱乐的，一个个店肆的招牌也隐约可见，如"孙羊店""正店""曹婆婆肉饼"等，十分热闹。夜晚，一些大船的船舱里也灯火通明，有的小酌夜谈，有的推窗观景。汴京夜市的繁华在高科技手段的处理下活灵活现，仿佛就在眼前。

中国馆选取这一传统文化与当代科技有机结合的《清明上河图》进行大规模的展示，形成震撼人心的亮点，别有一番深意。上海世博会是第一届由发展中国家举办的世界博览会。以往中国也曾参加过世博会，但都是跟进的角色，没有话语权，展示自己形象、智慧和魅力的机会非常有限，更不用说主导建构整个博览会了。而今世博会的主题是"城市，让生活更美好"，既启迪世界思考，又回顾中国城市发展的历史，更想象未来的景象。启迪思考的是：城市虽是现代文明进步的表现，但面对越来越显现的城市弊病，各国须根据自己的自然资源条件来选择城市发展政策。怎样的城市才能让生活更美好？不同参展方可以此为契机，重新审视城市文明，分享各自对城市昨天、今天与明天的思考与想象，进而努力实现人与人、人与城市、人与自然之间的和谐。而回顾中国城市发展的历史，以北宋汴京为代表，具体形象地表明中国城市经济繁荣、文化昌盛的源远流长，今日中国城市的快速发展正是历史发展的必然。未来城市生活将会怎样？中国馆的第三展区聚焦"低碳未来"。低碳生活是人类不得不作出的选择。聚焦以低碳为核心元素的中国未来城市发展，展示中国人如何通过"师法自然的现代追求"来应对未来的城市化挑战，为实现全球可持续发展提供了"中国式的回答"。回顾历史，直面现实，创造未来，中国人正以自己的智慧与力量建造更先进、更和谐、更激动人心的"彩虹桥"。

中国人的心态永远是开放的，海纳百川的。"城市最佳实践区"的展示，就开创了一项世博会的先河。在这个示范区首度出现了零碳馆，这是中国第一座零碳排放的公共建筑，是将英国伦敦先进的零耗能技术和中国本土的先进节能技术结合后的展示。这个最佳实践区浓缩了世界各地城市建设的精华，是眺望城市未来的极好窗口。

带领学生参观世博，在家门口亲密接触，是百年难逢的机缘。它有深厚的历史文化，先进的科学技术，创新的闪光智慧，是学生学习、感受、发展、成长的大课堂。参观绝不是赶庙会，绝不是玩嘉年华，而是要慢慢走，用心去欣赏，张开灵敏的感官，调动思维的器官，汲取人类智慧的营养。

文化感悟

1. 清明节、寒食节是不是同一个节日？请展开说明。

2. 清明节，祭扫烈士墓，缅怀先烈造福国家、造福人民的高尚人格与不朽功绩，是青少年精神成长、心灵洗礼的必要之举。你是否亲身参与过类似的祭扫活动？或是通过电视、报纸了解过类似的活动？请将最触动你的地方写下来。

3. 《左传》中介子推的事迹感召后人，在历史上，也有一批为政治清明、社会清明做出贡献的人物，请从中选择一个，撰写500字左右的人物小传记。

第五章　丹心照耀端午节

文化典籍

屈原列传（节选）

汉·司马迁

长子顷襄王①立，以其弟子兰为令尹②。楚人既咎子兰以劝怀王入秦而不反也。屈平既嫉之，虽放流，眷顾楚国，系心怀王，不忘欲反。冀幸君之一悟，俗之一改也。其存君兴国，而欲反复之，一篇之中，三致志焉。然终无可奈何，故不可以反。卒以此见怀王之终不悟也。

人君无愚智贤不肖，莫不欲求忠以自为，举贤以自佐。然亡国破家相随属，而圣君治国累世③而不见者，其所谓忠者不忠，而所谓贤者不贤也。怀王以不知忠臣之分，故内惑于郑袖，外欺于张仪，疏屈平而信上官大夫、令尹子兰，兵挫地削，亡其六郡，身客死于秦，为天下笑，此不知人之祸也。《易》④曰："井渫⑤不食，为我心恻，可以汲。王明，并受其

福。"王之不明，岂足福哉！令尹子兰闻之，大怒。卒使上官大夫短屈原于顷襄王。顷襄王怒而迁之。屈原至于江滨，被⑥发行吟泽畔，颜色憔悴，形容枯槁。渔父见而问之曰："子非三闾大夫⑦欤？何故而至此？"屈原曰："举世皆浊而我独清，众人皆醉而我独醒，是以见放。"渔父曰："夫圣人者，不凝滞于物，而能与世推移。举世皆浊，何不随其流而扬其波？众人皆醉，何不哺⑧其糟⑨而啜⑩其醨⑪？何故怀瑾握瑜⑫，而自令见放为？"屈原曰："吾闻之，新沐者必弹冠，新浴者必振衣。人又谁能以身之察察⑬，受物之汶汶⑭者乎？宁赴常流而葬乎江鱼腹中耳，又安能以皓皓⑮之白，而蒙世俗之温蠖⑯乎？"乃作《怀沙》⑰之赋。于是怀石，遂自投汨罗⑱以死。

屈原既死之后，楚有宋玉⑲、唐勒、景差之徒者，皆好辞而以赋见称。然皆祖屈原之从容辞令，终莫敢直谏。其后楚日以削，数十年竟为秦所灭。自屈原沉汨罗后百有馀年，汉有贾生⑳，为长沙王㉑太傅㉒。过湘水㉓，投书㉔以吊屈原。

太史公㉕曰："余读《离骚》《天问》㉖《招魂》《哀郢》，悲其志。适长沙，观屈原所自沉渊，未尝不垂涕，想见其为人。及见贾生吊之，又怪屈原以彼其材游诸侯，何国不容，而自令若是！读《服鸟赋》㉗，同死生，轻去㉘就㉙，又爽然自失矣。"

（文章有删节）

注释：

①顷襄王：名熊横，公元前298年至前262年在位。

②令尹：楚国的最高行政长官。

③世：三十年为一世。

④《易》：即《周易》，又称《易经》。这里引用的是《易经·井卦》

的爻辞。

⑤渫（xiè）：淘去泥污。这里以淘干净的水比喻贤人。

⑥被：通"披"。

⑦三闾大夫：楚国掌管王族昭、屈、景三姓事务的官。

⑧哺（bǔ）：吃，食。

⑨糟：酒渣。

⑩啜（chuò）：喝。

⑪醨（lí）：薄酒。

⑫瑜：美玉。

⑬察察：洁白的样子。

⑭汶（mén）汶：浑浊的样子。

⑮皓（hào）皓：莹洁的样子。

⑯温蠖（huò）：尘滓重积的样子。

⑰《怀沙》：在今本《楚辞》中，是《九章》的一篇。今人多以为系屈原怀念长沙的诗。

⑱汨（mì）罗：江名，在湖南东北部，流经汨罗县入洞庭湖。

⑲宋玉：相传为楚顷襄王时人，屈原的弟子，有《九辩》等作品传世。

⑳贾生：贾谊，西汉政论家、文学家。

㉑长沙王：指吴差，汉朝开国功臣吴芮的玄孙。

㉒太傅：君王的辅助官员。

㉓湘水：在今湖南省境内，流入洞庭湖。

㉔书：指贾谊所写的《吊屈原赋》。

㉕太史公：司马迁自称。

㉖《天问》：屈原所著。

㉗《服鸟赋》：应为《鵩鸟赋》，贾谊所作。

㉘去：指贬官放逐。

㉙就：指在朝任职。

【文意疏通】

怀王的长子顷襄王即位，任用他的弟弟子兰为令尹。楚国人都抱怨子兰，因为他劝怀王入秦而后者最终未能回来。屈原也为此怨恨子兰，虽然流放在外，仍然眷恋着楚国，心里挂念着怀王，念念不忘返回朝廷。他希望国君总有一天醒悟，世俗总有一天改变。屈原关怀君王，想振兴国家，改变楚国的形势，一篇文章中，都再三表现出来这种想法。然而始终无可奈何，所以不能够返回朝廷。由此可以看出怀王始终没有觉悟啊。

国君无论愚笨或明智、贤明或昏庸，没有不想求得忠臣来为自己效忠，选拔贤才来辅助自己的。然而国破家亡的事接连发生，而圣明君主治理好国家的多少世代也没有出现，这是因为所谓的忠臣并不忠，所谓的贤臣并不贤。怀王因为不明白忠臣的职分，所以在内被郑袖所迷惑，在外被张仪所欺骗，疏远屈原而信任上官大夫和令尹子兰，军队被挫败，土地被削减，失去了六个郡，自己也被扣留死在秦国，为天下人所耻笑。这是不了解人的祸害。《易经》说："井淘干净了，还没有人喝井里的水，使我心里难过，因为井水是供人汲取饮用的。君王贤明，天下人都能得福。"君王不贤明，难道还谈得上福吗！令尹子兰得知屈原怨恨他，非常愤怒，终于让上官大夫在顷襄王面前说屈原的坏话。顷襄王发怒，就放逐了屈原。屈原到了江滨，披散头发，在水泽边一边走，一边吟咏着。脸色憔悴，形体面貌像枯死的树木一样毫无生气。渔父看见他，便问道："您不是三闾大夫吗？为什么来到这儿？"屈原说："整个世界都是混浊的，只有我一人清白；众人都沉醉，只有我一人清醒。因此被放逐。"渔父说："聪明贤哲的人，不受外界事物的束缚，而能够随着世俗变化。整个世界都混浊，为什么不随大流而且推波助澜呢？众人都沉醉，为什么不吃点酒糟，喝点薄酒？为什么要怀抱美玉一般的品质，却使自己被放逐呢？"屈原说："我听说，刚洗过头的一定要弹去帽上的灰尘，刚洗过澡的一定要抖掉衣上的尘土。谁能让自己清白的身躯，蒙受外物的污染呢？我宁可投入长流的大江而葬身于江鱼的腹中，又哪能使自己高洁的品质，去蒙受世俗的尘垢呢？"于是他写了《怀沙》赋。因此抱着石头，自投汨罗江而死。

屈原死了以后，楚国有宋玉、唐勒、景差等人，都爱好文学，而以善作赋被人称赞。但他们都效法屈原辞令委婉含蓄的一面，始终不敢直言进谏。在这以后，楚国一天天削弱，几十年后，终于被秦国灭掉。自从屈原自沉汨罗江后一百多年，汉代有个贾谊，担任长沙王的太傅。路过湘水时，写了文章来凭吊屈原。

太史公说：我读《离骚》《天问》《招魂》《哀郢》，为他的志向不能实现而悲伤。到长沙，经过屈原自沉的地方，未尝不流下眼泪，追怀他的为人。看到贾谊凭吊他的文章，文中又责怪屈原，如果凭他的才能去游说诸侯，哪个国家不会容纳，却选择了这样的道路！读了《鹏鸟赋》，把生和死等同看待，认为被贬和任用是不重要的，这又使我感到茫然失落了。

【义理揭示】

对于端午节的来历有许多不同的说法，人们口口相传着品格

高尚、志虑忠纯的屈原的故事，并把他自沉于汨罗江的农历五月初五定为端午节。后世的端午诗词中，缅怀这位先贤的意绪也经久不衰。

本文选自《史记·屈原贾生列传》，选取与屈原有关的篇幅。出身于没落贵族之家的屈原空有一身抱负，却难敌小人谗言。郢都被破，屈原见国家陷于危亡却无法挽救，绝望至极，最终投江自尽。

从本文中可以看出司马迁对屈原不与奸佞小人同流合污，不苟活于世的精神的崇敬，同时也对其高尚的理想赞赏有加。全篇叙事反复咏叹，发挥了其史论结合的写作特点，将这位杰出的人物展现在世人眼前。

司马迁（公元前145—？），字子长，西汉夏阳（今陕西韩城南）人。中国伟大的史学家、文学家、思想家，任太史令，因李陵之事有所辩解，受宫刑，后任中书令。他创作了中国第一部纪传体通史《史记》，记载了从上古传说中的黄帝时期到汉武帝元狩元年长达3000多年的历史，是"二十五史"之首。

五日①观妓②

唐·万楚

西施③谩道④浣春纱，碧玉⑤今时斗丽华⑥。
眉黛⑦夺将萱草⑧色，红裙妒杀石榴花。
新歌一曲令人艳⑨，醉舞双眸敛⑩鬓斜。
谁道五丝能续命，却知今日死君家。

注释：

①五日：即农历五月初五端午节。

②妓：乐伎。

③西施：春秋时期的美人。

④谩道：空说或莫说的意思。

⑤碧玉：汝南王宠爱的美妾，出身低微。这里借指乐伎。

⑥丽华：即张丽华，南朝陈后主宠妃。

⑦黛：青黑色的颜料，古代女子用以画眉。

⑧萱草：亦名忘忧草。

⑨艳：即艳羡。

⑩敛：收束，这里指拢发的动作。

【文意疏通】

美人好似越溪浣纱的西施，又宛如碧玉，媲美张丽华。那深翠色的黛眉，使萱草相形失色；那火红的裙裾，让五月的石榴花嫉妒。她善唱新歌，甜润的歌喉，美妙的旋律，令人艳羡不已；她醉而起舞，双眸含情，云鬟微乱，娇媚之态令人心动神摇。谁说那端午节避邪的五色丝线能救人性命，现在我的魂魄已被这位乐伎勾走，今日怕是醉生梦死在主人家里了！

【义理揭示】

五月初五端午节，诗人观看乐伎表演。宴饮时有美貌乐伎轻歌曼舞，甚是美妙动人。在唐代，端午节的风俗习惯有龙舟竞渡、吃粽子、饮蒲酒、彩丝缠臂、艾蒿插门等，也有在这一天呼朋唤友、宴饮取乐的。全诗在描写歌伎时用迂回之法，更

显这位绝代美人的倾城风韵。在士大夫宴饮之作中，这首诗在艺术上颇具特点，写人时细致入微，生动形象。值此端午良辰，美景丽人近在眼前，怎能不叹今夕何夕！

万楚，唐朝诗人，开元年间登进士及第。代表作品有《茱萸女》《咏帘》《小山歌》等。

端午日赐衣①

唐·杜 甫

宫衣②亦有名，端午被恩荣。
细葛含风软，香罗叠雪轻。
自天题处湿，当暑著来清。
意内称长短，终身荷③圣情。

注释：

①端午日赐衣：古代君主常在端午日赏赐近臣衣物，庆贺节日并表示关心。

②宫衣：宫人所制之衣。

③荷（hè）：承受恩泽。

【文意疏通】

端午佳节，皇上赐予名贵的宫衣，恩宠有加。香罗衣是细葛纺成，柔软得风一吹就飘起，洁白的颜色宛如新雪。来自皇天，雨露滋润，正当酷暑，穿上它清凉无比。宫衣的长短均合心意，终身一世承载皇上的盛情。

【义理揭示】

这首诗作于唐肃宗乾元元年（758）。这一年四月皇帝祭祀九庙，杜甫随驾并于端午节受赏，得到赐衣，倍感荣幸。明代钟惺评点这首诗时说："此诗是近臣谢表，语风趣而典。"这句话比较中肯，全诗确实体现出杜甫感念天恩浩荡之意。

竞 渡 诗

唐·卢 肇

石溪久住思端午，馆驿楼前看发机①。
鼙②鼓动时雷隐隐，兽头凌处雪微微。
冲波突出人齐㘈③，跃浪争先鸟退飞。
向道是龙刚不信，果然夺得锦标④归。

注释：

①发机：开始行动的时机。

②鼙（pí）：古代军中所用的一种小鼓。

③㘈（hàn）：吼叫、喊叫。

④锦标：赛龙舟的取胜标志。

【文意疏通】

在石溪住久了开始思念端午时节的场景，在驿馆楼前观看开始行动的时机。鼙鼓初击时似雷声，兽头吐威，万人冲破齐声呼喊，跳跃着的浪花与飞鸟争先恐后。多条船像龙一样向前

冲去，果然获得了锦标归来。

【义理揭示】

　　端午节诗歌中常有"竞渡"的题材，例如张建封的《竞渡歌》、刘禹锡的《竞渡曲》以及这首《竞渡诗》，都描绘了龙舟赛上的所见所闻。鼓声震天、兽头吐威、龙舟齐发，渲染了端午竞渡的氛围。颈联中"冲波、鸟退"都用来衬托龙舟前行速度极快。气势如虹，喊声震天的激越场面，使人如置身龙舟赛现场一般。

　　卢肇（818—882），字子发，江西宜春文标乡（今属新余市分宜县）人，唐武宗会昌三年（843）状元，唐相李德裕的得意门生。

浣溪沙·端午

宋·苏　轼

轻汗微微透碧纨①，明朝端午浴芳兰②。流香涨腻③满晴川。

彩线轻缠红玉臂，小符斜挂绿云鬟④。佳人相见一千年。

注释：

①碧纨（wàn）：绿色薄绸。

②芳兰：芳香的兰花。

③流香涨腻：指女子梳洗时，用剩下的香粉胭脂随水流入河中。

④云鬟（huán）：古代妇女梳的环形发髻。这句指妇女们在发髻上挂着祛邪驱鬼、保佑平安的符箓。

【文意疏通】

汗渍微微透过绿色的薄绸，妇女们为了明天即将到来的端午节而用芳香草沐浴。香粉胭脂顺水流淌。

彩线轻轻缠绕在手臂上，发髻上挂着祛邪驱鬼、保佑平安的符箓。经过漫长的等待之后，佳人终于露面，愿佳人能永世安康。

【义理揭示】

《太平御览》卷31引《风土记》："仲夏端午，端，初也"，亦名"端午""重五""重午"。端午是我国民间传统节日，有端午吃粽子、赛龙舟等风俗。这首词写的是妇女们欢度端午佳节的情景。上阕里她们用芳草沐浴，画着精致的妆容准备迎接端午节的到来，下阕着重通过妇女们缠彩线、挂符箓来彰显端午习俗。"佳人相见一千年"是祝祷词人的红颜知己王朝云永世安康，并有天长地久永谐情好之意。

贺新郎·端午

宋·刘克庄

深院榴花吐。画帘开、练衣①纨扇，午风清暑。儿女纷纷夸结束②，新钗符③艾虎。早已有、游人观渡④。老大逢场慵作戏，任陌头、年少争旗鼓。溪雨急，浪花舞。

灵均⑤标致⑥高如许。忆生平、既纫兰佩⑦，更怀椒⑧醑⑨。谁信骚魂千载后，波底垂涎角黍⑩。又说是、蛟馋龙怒。把似而今

醒到了，料当年、醉死差无苦。聊一笑，吊千古。

注释：

①练（shū）衣：葛布衣，指平民的衣着。

②结束：装束、打扮。

③钗符：端午节避邪的一种头饰。

④观渡：观看赛龙舟。

⑤灵均：代指屈原，屈原字灵均。

⑥标致：风度。

⑦纫兰佩：捻缀秋兰，佩带在身。

⑧椒：香物，用来降神。

⑨醑（xǔ）：美酒，用来祭神。

⑩角黍：粽子。

【文意疏通】

深深的庭院里石榴花开得正艳。彩绘的帷帘敞开，我身穿粗麻衣服，手摇丝绢小扇。中午的清风驱散暑气，显得格外清凉。青年们纷纷展示着自己的节日装束。妇女头上插着钗头彩符，身上佩着艾草扎成的老虎。他们争先恐后地来渡口观看赛龙船。我年纪大了，不愿再去与人拥挤，只是站在远处观看。任凭那些年轻人摇旗擂鼓呐喊，船桨起伏，江面上浪花翻卷飞舞。

屈原的精神千古永存。他生平带着芳草，胸襟怀抱如美酒般清醇甘甜。谁信在千载之后，他在江底的灵魂还会垂涎米粽。说什么是怕蛟龙发怒，才把粽子扔进江中给蛟龙解馋。

唉，这些传说是多么荒诞。假如他一直活到今天，倒不如与世皆醉，死在当年，反而省去许多苦恼怨烦。想到这里便有兴作此词以为笑谈，凭吊一下千古含冤的屈原。

【义理揭示】

端午吊古之作大多以凭吊屈原为题材，这首词就是其中之一。上阕写端午所见，描绘了一幅丰富多彩的端午风俗画。人们精心装扮，纷纷去渡口看赛龙舟，溪水飞溅、擂鼓呐喊，场面好不热闹，词人却年老体衰，疏懒于此。下阕托屈原之事，抒发自己的义愤不平之情。词人认为人们为保护屈原纷纷将粽子抛入水中实际是对屈原的误会，使得他的英灵不得安宁。煞尾句的忧愤情感强烈，设想屈原今日觉醒，不知会作何感想。与其清醒而苦恼，还不如"醉死差无苦"，诙谐的表达实际上是想借凭吊屈原来表达自己壮志未酬的情感。《蓼园词选》认为这首词"非为灵均雪耻，实为无识者下一针砭。思理超超，意在笔墨之外"。表达的也是相同的意思。

澡兰香·淮安重午①

宋·吴文英

盘丝系腕②，巧篆③垂簪，玉隐绀纱睡觉④。银瓶⑤露井，彩箑⑥云窗，往事少年依约。为当时、曾写榴裙⑦，伤心红绡褪萼⑧。黍梦光阴，渐老汀洲烟蒻⑨。

莫唱江南古调，怨抑难招，楚江沉魄⑩。熏风燕乳，暗雨梅黄，午镜⑪澡兰帘幕。念秦楼⑫、也拟人归，应剪菖蒲⑬自酌。但

怅望、一缕新蟾，随人天角。

注释：

　　①重午：端午节。

　　②盘丝系腕：手腕上系着的五色丝线。

　　③巧篆：精巧的剪纸，饰于发簪上。

　　④玉隐绀纱睡觉：玉人隐在天青色的纱帐中睡觉。

　　⑤银瓶：汲水器。

　　⑥彩箑（shà）：彩扇。

　　⑦榴裙：红色的裙子。

　　⑧红绡褪萼：石榴花瓣落后留下花萼。

　　⑨烟蒻（ruò）：柔嫩的蒲草。

　　⑩楚江沉魄：指屈原投江身死。

　　⑪午镜：端午节中午所铸的镜子，古时认为能避邪。

　　⑫秦楼：秦穆公为其女弄玉所建之楼。

　　⑬菖蒲：一种植物。端午节剪菖蒲浸酒，以避瘟气。

【文意疏通】

　　情人手腕上系着五色丝线，篆文书写的咒语符篆戴在头上，以避邪驱疫。在天青色纱帐中，她睡得格外香甜。在庭院中花树下摆好酒宴，在窗前轻摇彩扇，当歌对饮，往日的美景历历在目。当时曾在她的石榴裙上题诗写词，今天窗外的石榴已经凋残，曾经的欢乐已逝。光阴似箭，沙洲上柔嫩的蒲草在风中摇曳，茫茫如一片青烟。

　　请不要再唱江南的古曲，那幽怨悲抑的哀曲，怎能安慰屈原的沉冤？春风和煦中燕子已生小燕，连绵细雨中梅子已渐渐黄圆。正午的骄阳正烈，美人是否也在幕帘中沐浴香兰？料想她一定会回到绣楼，剪下菖蒲浸酒，自饮自怜。怅望中我仰望苍穹，看那一弯新月冉冉升起，那清淡的月光伴随着我，来到这海角天边。

【义理揭示】

端午佳节，客居他乡的词人想起了一位艺技出众的姬妾，只可惜景物衰败，面目全非。"莫唱江南古调，怨抑难招，楚江沉魄"，江南的古曲原意为纪念屈原而作，只是唱了又是否真能告慰这位先贤呢？词人早已沉浸在时光易逝的哀伤中，怕是无心再去听幽怨的曲子了，临了也只能托新月表达无望的思念之情。

整首词自由地行走于过往与现实的场景中，时空交错，不禁令人眼花缭乱，刻画的场面围绕着端午节的风物、景色、习俗，似断实续。这首词也沿袭了吴词一贯绵密的词风，好用丽字和典故。

文化倾听

粽叶飘香、擂鼓竞渡，端午佳节时剥开一只彩线捆扎的粽子，同时剥开的还有两千多年的中华文明。晋周处的《风土记》中有最早的关于"端午"的文献记录，而"端午"一词则源于古代的干支记日法，字面意思是五月的第一个午日。之后，干支记日法被数字记日法取代，端午节期自然就被规定为

五月初五。

在北方，人们起初将"五月五日"取谐音称"恶月恶日"，常在这天用艾草、菖蒲避邪。如今，人们普遍认为端午起源于纪念某位历史人物，历史上对这个节日的由来和传说有不同的观点。其中最为人熟知的观点是"纪念屈原"一说。《史记》中记载屈原为春秋时期楚怀王的大臣，他主张联齐抗秦，倡导举贤授能。可惜他的富国强兵之策遭到一群贵族的反对，最终遭谗言诬陷，被迫离开都城，被流放至沅、湘流域。《离骚》《天问》《九歌》等不朽诗篇为其流放途中所作，其哀思切切化为满纸的忧国忧民。公元前278年，秦军攻破楚国京都，此时的屈原心如刀绞，绝笔作《怀沙》后毅然抱石投汨罗江。后世之人为其忠义的品行和爱国的情怀所动容，以端午纪念这位伟大的诗人。

第二种传说主要流传于江浙一带，认为端午是纪念春秋时期的伍子胥。楚国人伍子胥与楚王有杀父杀兄之仇，后来他助吴伐楚，率领军队攻入当时的楚都郢城。当时楚平王已死，子胥掘墓鞭尸三百，以报杀父兄之仇。吴王夫差继位后，吴军士气高昂，越王勾践见大事不妙，便请和，吴王夫差应允。伍子胥看出勾践非一般之人，极力谏言应杀之以绝后患。怎料想此时吴国大宰已受越国贿赂，进谗言陷害伍子胥，夫差偏听偏信，赐伍子胥宝剑令其自尽。一代忠良就此殒殁。死前他对邻舍人说，"我死后，将我眼睛挖出悬挂在吴京之东门上，以看越国军队入城灭吴"，夫差听后勃然大怒，取伍子胥尸身于五月五日投入大江，因此有端午节为纪念伍子胥之说。除此之外，还有纪念孝女曹娥、纪念介子推等种种传说。

魏晋南北朝的民族大迁徙使得文化和民间习俗相互融合，天南地北之人都逐渐接受端午节缘起于纪念屈原的说法。相传屈原投江后，楚国人纷纷到汨罗江边凭吊他。渔夫拿出事先准备好的食物丢进江里，避免江水中的鱼虾因觅食而撕咬屈大夫的身体，岸上之人见状纷纷仿效，后来又有人拿来一坛雄黄酒倒进江里，说是要药晕蛟龙水兽，以免伤害屈大夫。后来人们想出用树叶包饭，外缠彩丝，进而发展成粽子。久而久之，形成了端午节龙舟竞渡、吃粽子、喝雄黄酒的风俗。

作为中国的传统节日之一，端午节于2006年5月20日被列入第一批国家级非物质文化遗产名录。2009年9月30日，中国端午节入选联合国教科文组织人类非物质文化遗产代表作名录。入选理由中很重要的一条指出"由驱毒避邪的节令习俗衍生出各地丰富多彩的祭祀、游艺、保健等民间活动，主要有祭祀屈原、插艾蒿、挂菖蒲、喝雄黄酒、吃粽子、龙舟竞渡、除五毒等。各种活动因地域差别而略有不同。端午节是蕴含独特民族精神和丰富文化内涵的传统节日，对中国民俗生活有重大影响"。

我们能从端午节的民间节庆习俗中感受到这个节日的丰富性，也能从一些典籍中读出纪念忠义之士、忧国忧民的爱国情怀。余靖的《端午日事》："江上何人吊屈平，但闻风俗彩舟轻。空斋无事同儿戏，学系朱丝辟五兵。"余靖另一首《端午日寄酒庶回都官》："龙舟争快楚江滨，吊屈谁知特怆神。家酿寄君须酪酊，古今嫌见独醒人。"而唐人文秀则有《端午》一诗："节分端午自谁言，万古传闻为屈原。堪笑楚江空渺渺，不能洗得直臣冤。"宋代词人苏轼的《满江红·端阳前作》不但写出了端午习俗，更抒发了诗人祭圣贤，颂忠义，崇尚"志洁行廉"

的伟大胸怀："千载悠悠，成习俗，天中端午。逢佳节，粼粼波上，百舟争渡。万户家中缠米粽，三闾庙外吟君赋。祭圣贤，忠义荡乾坤，伤君去。奸当道，谣言布；遭放逐，悲难诉。叹家亡国破，汨罗归处。志洁行廉争日月，辞微文约传千古。子沉江，鹤驾泪淫淫，何其苦。"赵青的诗："年年端午风兼雨，似为屈原陈昔冤。我欲于谁论许事，舍南舍北鹁鸠喧。"戴复古的《端午丰宅之提举送酒》诗："海榴花上雨萧萧，自切菖蒲泛浊醪。今日独醒无用处，为公痛饮读离骚。"胡仲参的《端午》诗："千年流水去滔滔，此日人来吊汨罗。江上画船无买处，闭门风雨读离骚。"张商英《端午偶题》："孤忠不屈赴湘流，甘与干逢地下游。若共蛟龙争口食，何如附会楚王休。"

　　自从端午节成为历代文人墨客创作的题材，古往今来，涌现出了大量吟咏端午节的优秀诗篇，令人回味无穷。

文化传递

　　小时候的"我"并不富裕，甚至有些清贫，端午节这天，母亲精心挑选颜色最漂亮的丝线，搓在一起，编织成五彩线，却让"我"感到最富足的拥有，也将传统节日亲情的深意酣畅地表现出来。

端午节的五彩线

伊　人

　　吃完晚饭，天气尚好，夕阳像一枚红熟的果子，将柔和的光线洒向万物，阳光下的一切都是美好的。

我和母亲去散步，穿过马路，来到繁华的东二路步行街。花花绿绿的荷包一下子入了我的眼，母亲轻轻地说，端午节快到了。哦，怪不得街上这么热闹呢，时光如小鹿，哒哒哒一路向前，片刻不停。

我和母亲驻足观看，一个个小木架上挂满了花花绿绿的荷包，彩色的丝线，五彩的锦缎，上面绣着"福""锦绣前程""平安健康"等暖人的字，十二生肖更是绣得惟妙惟肖、栩栩如生。卖五彩线的老婆婆们慈眉善目，我蹲下望着她们笑，凡俗的日子，她们带给我许多平凡的感动。"抬头能看见天，低头能看见花，是这个世界上最富足的拥有。"我能欣赏到这么美的荷包，还能闻到荷包内的清香，我做了富翁了。

最吸引我的还是挂在架上的五彩线，隔着岁月望去，那些美好的日子铺天盖地而来，一种幸福的汁液在心底流过……

小时候，日子虽然过得很清贫，但一到端午节那天，母亲一大早便喊着我们兄妹的乳名将我们唤醒。五彩线一般都用绣花的丝线，颜色艳丽且多色，用什么颜色也很灵活，有些人手头有什么色就用什么色。母亲在自己做针线的箩筐里挑选上颜色最漂亮的丝线，搓在一起，就成了漂亮的五彩线。在我们的手腕、脚腕、脖子上系五彩线，母亲说系上五彩线可以避开蛇蝎类毒虫的伤害。农村的蛇较多，我们带上它蛇就不咬了，系上五彩线，母亲就像完成了一件大事一样，很快乐，很欣慰。

系上五彩线的我很幸福，小小的手腕上像戴上了美丽的彩虹，我们故意将袖子挽得老高，让五彩线露出来，和小伙伴们比谁的五彩线最漂亮。于是，日子在美丽的等待中自有一份踏实与幸福。

　　我满心欢喜地挑选，给4岁的宝贝女儿挑了一个大红丝线绣的小狗，女儿属狗，我祝女儿快乐地成长；我给母亲挑了一只鸡，母亲属鸡，我亲手戴在母亲的脖子上，祝愿母亲健康幸福；我给自己扯了三米五彩线；又挑了一条用彩色丝线编织的五彩带，花花绿绿的小绣球用丝线串起来，煞是好看；我满心欢喜地戴在手上，平凡的日子一下子变得亮丽起来、奢侈起来。

　　长大后才明白，端午节戴五彩线的风俗在我国古代就有。应劭在《风俗通》中记载："五月五日，以五彩丝系臂，名长命缕，一名续命缕，一名辟兵缯，一名五色缕，一名朱索，辟兵及鬼，命人不病瘟。"

　　端午节是全年四大节之一。五月是毒月，五日是毒日，五日的中午又是毒时，居三毒之端。端午节又叫"五月端"。五月是整个热天的开端，五毒虫蛇开始活跃，魑魅魍魉也会猖獗，这些都会给人，特别是会给无所顾忌又无抵抗能力的孩子带来灾难，必须在五月端午节这天集中地为孩子消灾防毒，因此，人们又把五月端午节说成是"小孩节"或"娃娃节"。中国古代崇拜五色，以五色为吉祥色。因而，节日清晨，各家大人起床后第一件大事便是在孩子手腕、脚腕、脖子上拴五色线。系线时，禁忌儿童开口说话。五色线不可任意折断或丢弃，只能在夏季第一场大雨或第一次洗澡时，抛到河里。据说，戴五色线的儿童可以避开蛇蝎类毒虫的伤害；扔到河里，意味着让河水将瘟疫、疾病冲走，由此可以保佑儿童安康。

　　美丽的五彩线带给我美丽的心情，花花绿绿的五彩线上闪着爱的光芒，是母亲对孩子的爱，五彩线牵动着母亲的情怀，是爱的诗篇……

　　　　　　　　　（本文选自《人民日报海外版》2012年6月22日第6版）

留住端午乡愁（节选）

鲍鹏山

端午节是中国汉族的传统节日（据说有20多个其他民族也过端午节），两千多年来，中国人过了两千多个端午节了。影响所及，日本、韩国、朝鲜、越南，也过这样的节日。

端午节的来源与意义，有不少种说法，但是，最为普通大众熟知、最为流行的观点，是这个节日和一个诗人的关系。唐代文秀《端午》诗可证："节分端午自谁言，万古传闻为屈原。"

两千三百多年前，在遍布艾蒿和菖蒲的南方大地上，屈原，横空出世。

刘熙载《艺概》这样说屈原："有路可走，卒归于无路可走，屈子是也。"

其实，在先秦的典籍中，我们看不到对屈原的一个字的记载。如果我们说历史就是我们对历史的回忆，那么，就文字记载的历史来说，屈原这个人，在先秦，几乎是不存在的。

但是，在汉朝，他突然"存在"了，并且是一个巨大的存在：由汉初几位最有分量的文字大师记录在最有分量的典籍里。

司马迁在他那不朽的《史记》里，专门为他辟出一章，为他作传，从而宣布他是一个历史的存在，不容置疑。司马迁对他的评价是："其志洁，故其称物芳。其行廉，故死而不容。自疏濯淖污泥之中，蝉蜕於浊秽，以浮游尘埃之外，不获世之滋垢，皭然泥而不滓者也。推此志也，虽与日月争光可也。"

但司马迁的这段情绪激动推崇备至的话，可能是照录他之前的淮南王刘安的《离骚传》。刘安，因为《淮南子》，也当之无愧地是中国文化史上的大人物。哦，顺便说一下，据说他还

122

是豆腐的发明人。让我们在端午节的餐桌前对他默默感恩一回吧。

而在刘安之前，还有一个人，贾谊。这是有汉一代最杰出的政治家，他的文章是中国政治史、哲学史、文学史都要专门讨论的内容。有意思的是，司马迁在《史记》中把他和屈原并传，这是何等的荣耀。"谊为长沙王太傅，既以谪去，意不自得；及度湘水，为赋以吊屈原。"《吊屈原赋》是贾谊的名作之一，记录着他对于这位先贤的共鸣和对自己坎坷身世的恻然哀伤。

贾谊、刘安、司马迁，都是生不逢时或生当其时却被时代凌虐，从而他们都满腔忧愤哀怨。他们浓墨重彩大张旗鼓说屈原，其实也是在借屈原说自己。他们三人的下场也与屈原相似，都是非正常死亡：贾谊抑郁而亡，刘安谋反事变自杀，司马迁不知所终，但我曾撰文论及他也应该是自杀。

他们都是无路可走之人。

这三个汉代无路可走的人，合力打捞出了一个在历史的长河中淹没的诗人。从此，屈原这个名字，在中华的历史上熠熠生辉，作为一种精神，一种悲剧性的崇高，一种人格的标杆。

但是，第一次打捞屈原的，还不是他们，而是汨罗江畔和洞庭湖边的百姓们。

屈原举身赴清流之后，当地百姓闻讯马上划船捞救。为了不让鱼鳖蛟龙伤害屈原尸体，百姓又纷纷在水中投入用树叶包好的饭团。后来，正如我们知道的，划船捞救演变为龙舟竞赛，树叶饭团演变为粽子。一个普通的日子，因为一个人，就此成为一个民族的节日。

百姓们没有捞起屈原的尸首，更没能救出屈原。但是，他们不必失望悲伤，因为他们的捞救，实际上是一个民族的捞

救，屈原从此不会沉没。只要我们还在过端午节，屈原就不会沉入江底葬身鱼腹，而是融入民族的记忆，藏身在民族的心灵里。

又一个端午节来了，带来了我们的乡愁。乡愁，其实是一种文化情结，是我们对历史和先贤的离愁和向慕。

故乡者，故人之乡也。中华大地，上下五千年，有多少像屈原这样让我们爱，使我们敬，给我们温暖的故人？只要这些故人还在我们心中，我们就永远活在故乡，那份美丽乡愁，就永远给我们生活以诗意，而那些节日，就永远为我们珍惜和祈盼。

故人不朽，故乡永在，我们的乡愁，直到永远。

[本文节选自《光明日报》（2014年6月2日5版），作者系知名文化学者、上海开放大学教授]

文化感悟

1. 说起端午，人们自然而然地想起屈原，你认为屈原的人格魅力体现在哪些方面？今天我们怎样才能传承屈原的精神品质？

2. 有位诗人读了屈原的《离骚》后，写下：

你埋下了一坛老酒，

酒坛上的红纸

沉沉地写着黑字——魂。

每当汨罗江悲怆的日子，

酒坛里就溢出芦苇的芳香，

激荡起亘古不变的昂扬：

"路漫漫其修远兮，

吾将上下而求索。"

几千年了，

　　喝过这坛酒的人，

　　都醉成了龙的脊梁。

　　请熟读成诵，并品味"醉"的深刻内涵。

　　3.粽子形状有多种，如三角粽、菱形粽、四角粽、小脚粽等，学习包一两种粽子，既纪念屈原，也享受掌握生活技艺的快乐。

　　4.观看一场龙舟赛，描写比赛的场景。

第六章 美丽爱情七夕节

文化典籍

迢迢牵牛星

汉·《古诗十九首》①

迢迢②牵牛星②，皎皎④河汉女⑤。

纤纤擢⑥素手，札札⑦弄机杼。

终日不成章，泣涕零⑧如雨。

河汉清且浅，相去复几许？

盈盈⑨一水间，脉脉⑩不得语。

注释：

①古诗十九首：选自南朝梁萧统编《文选》卷二九（中华书局1977

年版），此诗是《古诗十九首》之一，作者不详，时代大约在东汉

末年。

②迢（tiáo）迢：遥远。

③牵牛星：俗称"牛郎星"，是天鹰星座的主星。

④皎皎：明亮。

⑤河汉女：织女星，是天琴星座的主星。织女星与牵牛星隔河相对。

　河汉，即银河。

⑥擢（zhuó）：抽出。

⑦札（zhá）札：织布发出的响声。

⑧零：落下。

⑨盈盈：清澈、晶莹的样子。

⑩脉（mò）脉：含情凝视的样子。

【文意疏通】

　　看天边遥远的牵牛星，明亮的织女星。织女伸出细长而白皙的手，正摆弄着织机，发出札札的响声。她思念牛郎，无心织布，一整天也没织成一段布，眼泪像下雨一样落下来。银河又清又浅，相隔又有多远呢？虽只隔一条清澈的河水，但他们只能含情凝视而不能用话语交谈。

【义理揭示】

　　这是一篇秋夜即景之作，遥望天空，两星璀璨，由星辰聚少离多感慨儿女离别之意。河汉虽然清浅，但织女与牛郎只能脉脉相视而不得语。但正是这份执着的守候使牛郎织女的故事为七夕节增添了浓厚的浪漫气息。全诗总共有六句用了叠音词，即"迢迢""皎皎""纤纤""盈盈""脉脉"。这些叠音词使这首诗质朴、清丽，情趣盎然。

秋　夕①

唐·杜　牧

银烛②秋光冷画屏③，轻罗小扇④扑流萤⑤。

天阶⑥夜色凉如水，卧看牵牛织女星。

注释：

①秋夕：秋天的夜晚。

②银烛：银色而精美的蜡烛。

③画屏：画有图案的屏风。

④轻罗小扇：轻巧的丝质团扇。

⑤流萤：飞动的萤火虫。

⑥天阶：皇宫里的台阶。

【文意疏通】

秋夜，精美的银色蜡烛发出微弱的光给画屏上添了几分清冷之色，一位宫女手执绫罗小扇，轻轻地扑打飞舞的萤火虫。天阶上的夜色清凉如水，卧着仰望星空，只见牵牛星正远远眺望着织女星。

【义理揭示】

深宫秋夜，宫女眺望着牵牛织女星，孤寂之感顿生。牛郎织女的故事触动心弦，宫女心中生出对真挚爱情的渴慕，又为不幸身世而凄然。一、三句写景，把深宫秋夜的景物展现出来的同时还营造了孤寂的氛围。二、四两句写宫女，意味蕴藉，耐人寻味。全诗将宫女哀怨与期望相交织的复杂感情见于言外。

鹊　桥　仙①

宋·秦　观

纤云②弄巧③，飞星④传恨，银汉⑤迢迢暗度⑥。金风玉露⑦一相逢，便胜却人间无数。

柔情似水，佳期如梦，忍顾⑧鹊桥归路。两情若是久长时，又岂在朝朝暮暮⑨。

注释：

①鹊桥仙：此调专咏牛郎织女七夕相会事。

②纤云：轻盈的云彩。

③弄巧：指云彩在空中幻化成各种巧妙的花样。

④飞星：流星。

⑤银汉：银河。

⑥暗度：悄悄渡过。

⑦金风玉露：指秋风白露。

⑧忍顾：不忍回视。

⑨朝朝暮暮：朝夕相聚。

【文意疏通】

轻柔多姿的云彩，变化出许多优美巧妙的图案；那些闪亮的星星飞驰长空，仿佛都在传递着它们的离愁别恨。牛郎织女在七夕夜里，千里迢迢渡天河相会。在这金风玉露之夜，胜过了人间无数的儿女情长。

温柔情感如水，美好时光如梦，不忍回顾，各回鹊桥两头的路。如果双方的感情是坚贞不渝的，又何必执着于朝夕相守。

【义理揭示】

这首诗以牛郎织女的传说为主要内容，却一反俗套，不苦叹双星一年一聚，转而赞美两情的长久和坚定不移的爱情。以天上双星喻人间情事，"两情若是久长时，又岂在朝朝暮暮"，爱情要经得起长久分离的考验，只要能彼此真诚相爱，即使终年天各一方，也比朝夕相伴的庸俗情趣可贵得多。全篇自由流畅，通俗易懂，却又婉约蕴藉，余味无穷。结尾两句堪称千古绝唱。

七　夕

宋·杨　朴

未会①牵牛意若何，须邀织女弄金梭。
年年乞与人间巧，不道②人间巧已多。

注释：

①未会：不明白，不理解。

②不道：不料。

【文意疏通】

不明白牛郎是什么用意，非得邀请织女来织布。

年复一年地向仙女乞求智巧，殊不知人间的智谋已经够

多了。

【义理揭示】

　　古来吟咏七夕的诗歌很多，大多从男女的离合悲欢方面着笔。这首诗不拘泥于儿女私情，而是从"乞巧"风俗立意，揭露世人投机取巧之心良多。铺陈递进，婉而多讽，可谓别开生面之作。

　　杨朴（921—1003），字契元（一作玄或先），自号东里野民，北宋诗人。著有《东里集》。

鹊桥仙·七夕

宋·范成大

　　双星良夜，耕慵织懒，应被群仙相妒。娟娟月姊①满眉颦，更无奈、风姨②吹雨。

　　相逢草草，争如休见，重搅别离心绪。新欢不抵旧愁多，倒添了、新愁归去。

注释：

　　①月姊：指月中之仙。

　　②风姨：这里将自然界的风月都拟人化。月姊含颦、风姨吹雨，是嫉妒情态。

【文意疏通】

　　牛郎织女在七夕夜晚，不再耕作和织布，而相聚在一起，众神仙应该会嫉妒他们吧！形态柔美的嫦娥皱起眉头，更令人无奈的是风神吹来了冷雨。

两人相逢短暂而慌乱，怎么比不相见来得好，见面又重新搅起了离别时的忧愁。相见的欢乐比不上相思的愁绪，反倒增添了新的离愁回去。

【义理揭示】

两千多年来，牛郎织女的故事感动了一代又一代的人，在吟咏牛郎织女的佳作中，范成大的这首《鹊桥仙》别具匠心，是一首有特殊意义的佳作。这首词上阕言以佳期被群仙妒忌，起笔构思巧妙，以仙女起妒忌之心来衬托牛郎织女倾心相会的美好景象。拟人化的叙述方式笔意隽永。下阕言相见怎如不见，新欢不敌旧愁，况又添了新愁，着力刻画两位主人公此时的心境，匆匆相会即刻又要分离，重新缭乱万千的别绪。以嫦娥风姨相妒的情节反衬、凸出、深化牛郎织女之爱情悲剧，这是独具匠心的做法。

范成大（1126—1193），字致能，号石湖居士，平江吴县（今江苏苏州）人。南宋诗人，与杨万里、陆游、尤袤合称南宋"中兴四大诗人"。

行香子·七夕

宋·李清照

草际鸣蛩①。惊落梧桐。正人间、天上愁浓。云阶月地②，关锁千重。纵浮槎③来，浮槎去，不相逢。

星桥鹊驾④，经年才见，想离情、别恨难穷。牵牛织女⑤，

莫是离中。甚霎儿^⑥晴，霎儿雨，霎儿风。

注释：

①蛩：蟋蟀。

②云阶月地：指天宫。

③浮槎：往来于海上和天河之间的木筏。

④星桥鹊驾：传说七夕牛郎织女在天河相会时，喜鹊为之搭桥，故称鹊桥。

⑤牵牛织女：星宿名，指牛郎星和织女星。

⑥霎儿：一会儿。

【文意疏通】

　　草丛中蟋蟀的叫声是那么清晰，连梧桐的叶子掉地上也能听到。七夕虽为牛郎织女相会之期，然而相会之时即为离别之日，倾诉一年来的别离之苦，想到今夜之后又要分别一年，心情更痛苦。望着银河，望着云、月，以云为阶，重重关锁，即便乘坐往来于海上和天河之间的木筏在两者间穿梭，也不能相逢。

　　传说夏历七月七日夜，群鹊银河衔接为桥，渡牛郎织女相会。分别一年，仅一夕相会，离情别恨，自然年年月月永无穷尽。牛郎织女刚刚相会，便又要分离。天啊总是这样，一会儿放晴，一会儿下雨，一会儿又刮风。

【义理揭示】

　　牛郎织女，一年一会，短暂的相会最终还是要经历分离。李清照以七夕鹊桥相会的聚散离合暗指自己心中郁积已久的离愁别恨，借神话传说话人间挚爱分离之苦，凄恻感人。起笔从听觉感受写起，衬托夜的寂静、词人的孤寂，为整首词布下伤感的情调。而后写抬头仰望，所观之象无不触动浓浓的忧愁。下片抒发感慨，牛郎织女尚且短聚长离，人间男女聚少离多更不用说。末句排句写出天气瞬息万变，深化了七夕之夜的意境美，也为整首词带来韵律感。

[商调] 集贤宾·七夕

元·杜仁杰

暑才消大火即渐西，斗柄往坎宫①移。

一叶梧桐飘坠，万方秋意皆知。

暮云闲聒聒蝉鸣，晚风轻点点萤飞。

天阶夜凉清似水，鹊桥图②高挂偏宜③。

金盆内种五生④，琼楼上设筵席。

[集贤宾（南）]今宵两星相会期，正乞巧投机。沉李浮瓜⑤肴馔美，把几个摩诃罗儿⑥摆起。齐拜礼，端的是塑得来可嬉。

[凤鸾吟（北）]月色辉，夜将阑银汉低，斗穿针逞艳质。喜蛛儿奇⑦，一丝丝往下垂，结罗成巧样势。酒斟着绿蚁，香焚着麝脐，引杯箸大家沉醉。樱桃炉水底红，葱指剖冰瓜脆，更胜似爱月夜眠迟。

[斗双鸡（南）]金钗坠、金钗坠玳瑁整齐，蟠桃宴、蟠桃宴众仙聚会。彩衣、彩衣轻纱织翠，禁步摇⑧绣带垂，但愿得同欢宴团圆到底。

[节节高（北）] 玉葱纤细，粉腮娇腻。争妍斗巧，笑声举，欢天喜地。我则见管弦齐动，商音⑨夷则⑩。遥天外斗渐移，喜阴晴今宵七夕。

[耍鲍老（南）] 团圈笑令心尽喜，食品愈稀奇。新摘的葡萄紫，旋剥的鸡头⑪美，珍珠般嫩实。欢坐间，夜凉人静已，笑声接青霄内。风渐渐，雨霏霏，露湿了弓鞋底。纱笼罩仕女随，灯影下人扶起，尚留恋懒心回。

[四门子（北）] 画堂深，寂寂重门闭，照金荷红蜡辉⑫。斗柄又横，月色又西，醉乡中不知更漏迟。士庶每安⑬，烽燧又息，愿吾皇万岁。

[尾] 人生愿得同欢会，把四季良辰须记，乞巧年年庆七夕。

注释：

①坎宫：代表方位，九宫之一，在北方。

②鹊桥图：绘有牛郎织女鹊桥相会的图画。

③偏宜：合适，最合适。

④五生：宋元以来，七夕节前夕会将绿豆、赤小豆、小麦等放在瓷器中，用水泡后发芽，用红蓝彩线束起，放在小盆中，七夕供奉，称作"种生"。以五彩线所系之物定名为"五生"，代表牛郎神。

⑤沉李浮瓜：天热时把水果泡在冷水里做消夏食品。

⑥摩诃罗儿：梵语的音译，一种婴孩形的偶像。

⑦喜蛛儿奇：传说中如果有蜘蛛作网于瓜上，则说明乞到巧了。

⑧步摇：古代妇女的一种头饰，上有垂珠，迈步即摇动。

⑨商音：五音之一。

⑩夷则：十二律之一。

⑪鸡头：鸡头米，芡实。

⑫照金荷红蜡辉：金色荷花形的灯泛着红烛的光辉。古时七夕节这天
要点荷叶灯。

⑬士庶每安：百姓们都平安，过上安定的日子。每，同"们"。

【文意疏通】

暑气才消掉，火星向西移去，北斗星的斗柄指向坎宫，秋天到了。梧桐树一叶飘坠，万方的秋意都可以知道了。晚上远天的云彩悠悠地飘着，给人安闲的感觉，蝉的鸣叫声很嘈杂，刺人耳朵。晚风很轻柔，萤火虫飞着，闪出点点的光。紫微星附近天阶的夜晚凉凉的，清凉如水，牛郎织女相会的鹊桥图高高挂起，布置有序。代表牛郎的"五生"金盆内，麦豆上系着五彩线，富丽堂皇的楼上摆设了筵席。

〔集贤宾（南）〕今天晚上是牛郎织女星相会的日子，正是乞巧——学会穿针引线、纺花织布的好机会。瓜果泡过，清凉可口，饭菜都很精美，摆好了几个摩诃罗儿，姐妹们在她们面前行礼拜叩，这些娃儿的确很好玩啊。

〔凤鸾吟（北）〕月色很美，夜深了，银河低垂于地。姐妹们对月比赛穿针引线，动作娴熟。贮盒子内的小蜘蛛，织成网络，丝丝下垂，结成一个巧样式，报说得巧甚多。接着把绿蚁酒斟满杯，燃起麝脐香，举杯喝起来，人人喝个沉醉如泥。醒酒物红樱桃沉在水底，让人产生妒意；像葱白一样的手指，把脆美的冰镇的瓜剖开了。这样过节，胜过独自喝酒赏月而晚睡的人。

〔斗双鸡（南）〕头发上的金钗掉下来了，装饰品玳瑁还算整齐。就好比王母娘娘的蟠桃宴，众仙都来聚会了。一件件彩衣、轻纱织成的翠绿颜色。头上戴的步摇晃动着，腰间束着的绣带垂落下来。但愿啊，这种同欢宴、团圆会永远存在下去。

〔节节高（北）〕说她们的手像葱白一样又细又长，吃醉了，腮红了，十分娇美。争妍斗巧，笑声阵阵，欢天喜地。可这时管弦乐声响起，发出了秋天的声音。在遥远的天外，北斗渐渐移动，在喜庆的气氛中度过了这时阴时晴的美好七夕。

〔耍鲍老（南）〕大家团团圆圆地围拢在一起，尽情地欢笑，心里充满了喜悦，食品也十分稀奇。新摘的紫葡萄，刚剥开的鸡头米，像珍珠般的鲜嫩。不知不觉，欢坐间，夜凉了，人声静了，笑声渐渐远去。风渐渐吹着，雨霏霏地下着，露湿了鞋底。纱笼罩下，仕女回家，在灯影下，把醉人扶起，可还留恋欢聚，不愿回去。

〔四门子（北）〕聚会场所变成这样。画堂深，一片寂寂，一重一重的门，紧紧闭关起来，只有那辉煌的红蜡，照着金荷灯。斗柄横了，月色又向西移，醉乡中的人不知时间已很晚了。这是个好时光。老百姓们过上安定日子，烽燧息灭，没有兵荒马乱了，真要祝愿吾皇万岁啊。

〔尾〕人生愿得同欢会，这就需要：把四季良辰须记，到了乞巧的日子，年年都要庆七夕。

【义理揭示】

这是一套南北合腔的散曲。其中商调指的是音调，集贤宾、凤鸾吟、斗双鸡、节节高、耍鲍老、四门子是曲调名称，曲调名后的南、北指南曲、北曲。杜仁杰在这首散曲中平铺直叙地描绘了七夕夜饮、欢度良宵的情景。细细读来，不难辨别其中蕴含的七夕节前夕和当天的风俗。通过对这些习俗的再现，使后人增长了许多七夕节的知识，大致领略了当时的社会风貌。结尾处有藻饰之感，整体看来可算展现七夕风采的优美画卷。

　　杜仁杰（约1201—1282），字仲梁，号止轩，才宏博达，性善谐谑。现存所著有《善夫先生集》一卷，及《金文最》《灵岩志》等书所收散文十余篇。

文化倾听

　　"迢迢牵牛星，皎皎河汉女"，七夕节之夜，大地刚刚褪去盛夏的暑热，深蓝的天幕引发了人们无限的畅想，忽而吹过一阵秋风，多么诗意而又浪漫。

　　古时候，七夕节也被叫作乞巧节。"汉彩女常以七月七日穿七孔针于开襟楼，人俱习之"，《西京杂记》里始现"乞巧"的相关记载。千百年来，华夏民族植根于土地，靠努力的劳作回报天地之化育，夜里则对头顶的苍茫星空好奇地观望，心生敬畏，却始终渴望解开天象之谜、时间之谜。早在三四千年前，古人就认为东西南北各有七颗代表方位的星星，合称二十八宿，其中以北斗七星最亮，可供夜间辨别方向。北斗七星的第一颗星叫魁星，又称魁首。读书人更愿意把七夕称作"魁星节"。古人还把日、月与水、火、木、金、土五大行星合在一起叫"七曜"，旧时分别用来称一个星期的七天，月曜日是星期

一、日曜日是星期天……由此可见，"七夕"包含着古人对天文的浓厚兴趣，对自然和时间持有敬畏色彩的"崇拜"。

　　七夕节的牛郎织女传说，为后人理解七夕注入了浪漫的人文气息。这则传说在我国民间文学史上具有十分重要的地位，与《梁山伯与祝英台》《孟姜女哭长城》《白蛇传》并称我国四大民间传说。相传牛郎为人忠厚，早年双亲亡故的他跟着哥嫂生活，饱受虐待，仅有一头老牛与之做伴。恰逢来自天宫的织女趁王母娘娘出游偷跑下界，两人相遇后互生情愫，很快由爱慕之情转为喜结连理。可惜婚后男耕女织的和美日子被一场突如其来的天庭追捕打破，织女被抓回天庭。牛郎欲到天庭与织女团聚，王母娘娘立即拔下头上的金簪向银河一划，昔日清浅的银河一霎间变得浊浪滔天，牛郎无法渡河。从此，牛郎织女在银河阻隔下，一个在西、一个在东，隔河相望。后来，玉皇大帝和王母娘娘同意他们在每年农历七月初七相聚一回，每逢此时，人间的喜鹊就要飞上天去，为牛郎织女搭鹊桥以便相会。据说，七夕夜里人们还能在葡萄架或其他的瓜果架下听到牛郎织女在天上的脉脉情话。

　　后来，每逢农历七月初七，相传牛郎织女鹊桥相会的日子，姑娘们就会来到花前月下，抬头仰望星空，寻找银河两边的牛郎星和织女星，希望能看到他们一年一度的相会，乞求上天让自己能像织女那样心灵手巧，祈祷自己能有如意称心的美满婚姻。因此，历代的七夕诗词都在书写对忠贞爱情的美好向往。

　　"维天有汉，监亦有光。跂彼织女，终日七襄。虽则七襄，不成报章。睆彼牵牛，不以服箱"出自《诗经·小雅·大东》，其中含有传说人物牛郎和织女的雏形。"迢迢牵牛星，皎皎河汉女。纤纤擢素手，札札弄机杼。终日不成章，泣涕零如雨。河汉清且浅，相去复几许？盈盈一水间，脉脉不得语"，东汉末年的《古诗十九首·迢迢牵牛星》表达了女子对远行恋人的深切思念。到了魏晋南北朝时期，牵牛和织女七夕鹊桥相会的故事逐渐定型，并形成了乞巧等习俗，女子摆设瓜果，遥拜织女星，祈求织女星帮助自己提高女红技艺。杨朴的《七夕》诗，就说明了个中道理："未会牵牛意若何，须邀织女弄金梭。年年乞与人间巧，不道人间巧已多。"清代徐瑛玉的《乞巧》诗，则以其女性所独具的细心和体贴来看乞巧，也别有新意："银汉横斜玉漏催，穿针瓜果置妆台。一宵要话经年别，那得工夫送巧来？"七夕这天，女人们早早地就把针线和瓜果摆在梳妆台上。只见银河横流，时光飞逝，可牛郎织女要在短短的一夜时间里诉说积攒了一年的知心话，哪里还有工夫送巧啊？"今日云轺渡鹊桥，应非脉脉与迢迢。家人竟喜开妆镜，月下穿针拜九霄"就是唐代诗人对七夕习俗的描绘。

北宋婉约派代表词人秦观的《鹊桥仙》可以说是咏七夕诗词中的千古佳作："纤云弄巧，飞星传恨，银汉迢迢暗度。金风玉露一相逢，便胜却人间无数。柔情似水，佳期如梦，忍顾鹊桥归路。两情若是久长时，又岂在朝朝暮暮！"牛郎织女一年一度的相会，远胜过人间无数夫妻的卿卿我我；真正能做到天长地久的爱情，更不在乎能否朝朝暮暮相厮守。词人对日常夫妻生活的轻视和对忠贞不渝的爱情的赞颂，是十分难能可贵的。

如今，人们被一些自认为简单的事情难倒，比如说话是人性本能，却不能一五一十地表达，说话成了一种负担，吃饭是

如此，睡觉是如此，爱更是如此。爱情需要经历的考验由河汉的阻隔变为异化了的实用理性。希望在七夕节美丽的夜空下，两相遥望的牛郎、织女星的如期相遇能让苍穹下的人世间多几分真情、少几许纷扰。

文化传递

　　牛郎织女的美丽传说给七夕节蒙上一层浪漫瑰丽的色彩。千百年后的今天，七夕节经历了"冷清"，也经历了"热闹"。它一度被西方情人节"推搡"到市场的边缘，却终于在继承和发展中国传统文化的呼唤声中重获新生，甚至以"天价玫瑰""天价巧克力"的方式遍布街巷。文化学者李汉秋的《从丰富多彩的活动看七夕节的内涵》一文中也提到了类似的观点，然而，七夕节蕴含着的对纯真爱情、绵长情意的美好寓意，会跨越时间的长河、划过深蓝色的夜空，因爱而生，因爱而延续。

从丰富多彩的活动看七夕节的内涵

李汉秋

　　许多地方，在七夕的时候，都开展情侣节的活动，有的地方叫爱情节，意思也差不多。根据我们的理念，情侣不仅是未婚的男女，而是覆盖面很广，覆盖到各个年龄段，因为爱情结合在一起的都是情侣。牛郎织女本身就是已婚的夫妻，还有一儿一女，叫金哥、玉女。石家庄中华情侣节开展了好几届，内容之一就是给金婚的代表、银婚的代表颁奖。它不仅是给年轻男女、未婚男女颁奖，而且给金婚的、银婚的情侣代表颁奖，这符合我们中华情侣节的传统和内涵。

有许多地方，情侣节搞得非常热闹，既有传统内容，又有现代的色彩。我们有一些地方，包括台湾的一些地方，这个城市如果有一座很现代的桥，在七夕节前一天，就把这座桥装点成鹊桥，让青年男女走鹊桥，老年夫妻也可以相携走鹊桥，这样来过七夕节。我记得前几年有一次香港的凤凰台请我做七夕节的节目，我说今天晚上福建的武夷山有770对情侣踏上鹊桥，我觉得在武夷山那个地方770对已经很多了。第二天我一看信息，不是770对，是7700对。这说明我们七夕传统没有断，而且也符合当代人的需要。在武夷山那么一个山里面，交通不算发达的地方，七夕有这么多的人，7700对情侣踏上鹊桥，这说明我们传统节日在群众中有深厚基础。我们现在有很多地方开展七夕节活动，都挖掘本地的资源，跟七夕节有关的资源。比如说河北邢台有天河山，天河山有一些关于牛郎织女的传说，它把这个发掘出来，在天河山开展七夕活动。沂蒙山区也有一些，什么牛郎屋，织女湖，它也开展活动，挖掘本地的资源。我的家乡福州有棵一千多年的大榕树，情侣们写了盟誓祈愿卡挂在树上。湖北的孝感是董永的故乡，董永跟七仙女也是天上人间的情侣，跟牛郎织女的传说是姐妹篇，也可以开展。有的地方举办情歌演唱会，有的地方上演直接写牛郎织女的《天河配》。把七夕作为中华情侣节来开展活动的，南北东西各个方面都在进行。

我特别希望我们能够继承传统，有所创新，要创造适合现代人的社会交往、适合现代人生活方式的七夕情侣节。我刚才讲了七夕的主题，从古到今的主题，实际上是情侣节。七夕的

内容很丰富，除了爱情之外，跟这个相关的很突出的是乞巧，这也是跟织女相关联的。织女是天上的仙女，心灵手巧，她会织布，所以叫织女嘛。她会养蚕，织丝绸，是这么一个心灵手巧的人。七夕特别受到女性的青睐，是女性的节日。女性特别热衷于七夕，她去祈求天上的织女给自己心灵手巧，希望自己也能够像织女那么心灵手巧，对于女性来说，自然经济下古代社会的女性，她的巧，首先很重要的一点表现在会做女工，古代叫女红，会做针线活，会绣花，会织锦，这是女子手巧很重要的一个表现，说明她会替丈夫绣衣服，会替将来的子女绣鞋面。过去古代讲四德，四德之一就是女红。乞巧成了七夕节的一种祈求。有各种各样的乞巧方式，有的就穿针，有穿一孔的针，穿两孔的针，也有穿七孔的针，看谁穿得好，穿得快，穿得准，这是比巧。有的还要预测自己是不是得到巧了，如在杯子里装水，把针浮在水面上，看月光底下针的影子呈什么形状，就来卜算一下是不是得巧了。因为七夕的时候，瓜果上市了，有的将新鲜的瓜果放在盘子里，放在露天，如果第二天早上瓜果上面有蜘蛛网，蜘蛛光顾你这个果了，蜘蛛又是受天意的影响，那么你就得巧了。有各种各样乞巧的仪式。过去自然经济，特别是在农村，特别是姑娘们，很流行七夕夜深人静的时候，在豆棚瓜架底下，偷偷地听天上织女跟牛郎的窃窃私语，如果听到，那么她终身的姻缘，自己的爱情也会很美好的。这都是很具神秘色彩、浪漫色彩的一种乞巧，祈婚姻美满。祈福等这些活动，我觉得比较适合在农村传承。对于城市的环境，城市的那些白领，好像就没有这种条件。你叫她去穿针引线，叫她去绣什么，好像在生活节奏很快的今天，就很难有那种余闲，也没有那种环境。乞巧的许多活动不一定适合今天的生活，而七夕节的主题，爱情主题，那是可以千秋万代传下去的，因为爱情是人类永恒的主题。只要有人类就有爱情。"银汉秋期万古同"，七夕这个主题可以万古传下去。

我们在七夕节的时候，要把古代传下来的两千多年的七夕这么美好的节日发扬光大。发扬我们传统的、进步的爱情观、恋爱观，能够对当今社会上一些不良的爱情观、婚姻现象起到矫治的作用。这个节日，应该是很有意义的。

文化感悟

1. 在农历七夕晴朗的夜晚，仰望星空，找一找隔河相望的牵牛星和织女星，想象一下人间的无数喜鹊是怎样为牛郎织女在天河上搭建相会之桥的。

2. 乞巧，古人有古人的内容，如果七夕节要乞巧，你打算乞什么"巧"？不妨说一说，写一写。

3. 爱情观是青年成长中绕不过的话题，在当今多元经济、多元文化、多元价值并存的情况下，你认为怎样才能树立正确的爱情观，维护爱情的纯洁和神圣？可与老师、家长或同伴进行交流。

第七章 月圆人圆中秋节

文化典籍

望 月 有 感*

唐·白居易

自河南①经乱，关内②阻饥③，兄弟离散，各在一处。因望月有感，聊书所怀，寄上浮梁大兄④、於潜七兄⑤、乌江十五兄⑥，兼示符离⑦及下邽⑧弟妹。

时难年荒⑨世业⑩空，弟兄羁旅⑪各西东。

田园寥落⑫干戈⑬后，骨肉流离道路中。

吊影⑭分为千里雁⑮，辞根⑯散作九秋蓬⑰。

共看明月应垂泪，一夜乡心五处同。

注释：

*下序为原题，因文字太长，故改原题为序，又拟题为此。

①河南：唐时河南道，辖今河南省大部和山东、江苏、安徽三省的部

分地区。

②关内：关内道，辖今陕西大部及甘肃、宁夏、内蒙古的部分地区。

③阻饥：因时世艰难而遭受饥荒。

④浮梁大兄：白居易的长兄白幼文，唐贞元十四年至贞元十五年（798—799）间任饶州浮梁（今属江西景德镇）主簿。

⑤於潜七兄：白居易叔父白季康的长子，时为於潜（今浙江临安县）县尉。

⑥乌江十五兄：白居易的堂兄白逸，时任乌江（今安徽和县）主簿。

⑦符离：在今安徽宿县内。白居易的父亲在彭城（今江苏徐州）做官多年，就把家安置在符离。

⑧下邽（guī）：县名，在今陕西省渭南县。白氏祖居曾在此。

⑨时难年荒：指遭受战乱和灾荒。荒，一作"饥"。

⑩世业：祖传的产业。唐代初年推行授田制度，所授之田分"口分田"和"世业田"，人死后，子孙可以继承"世业田"。

⑪羁旅：漂泊流浪。

⑫寥落：荒芜零落。

⑬干戈：古代两种兵器，此代指战争。

⑭吊影：孤身独处，形单影只。

⑮千里雁：古人常以雁行比作兄弟。比喻兄弟们相隔千里，皆如孤雁离群。

⑯辞根：原指蓬草离根飞散，此处比喻亲人们散落各地，背井离乡。

⑰九秋蓬：深秋时节随风飘转的蓬草，古人用来比喻游子在异乡漂泊。九秋，深秋。

【文意疏通】

自从河南地区经历战乱，关内一带漕运受阻致使饥荒四起，我们兄弟也因此流离失散，各自在一处。因为看到月亮而有所感触，便随性写成诗一首来记录感想，寄给在浮梁、於潜、乌江、符离、下邽的兄弟姐妹看。

家业在灾年中荡然一空，兄弟分散，各自西东。

战乱过后田园荒芜寥落，骨肉逃散在异乡道路中。

吊影伤情好像离群孤雁，漂泊无踪如断根的秋蓬。

同看明月都该伤心落泪，一夜思乡心情五地相同。

【义理揭示】

月圆人不圆是中秋诗词多悲叹的本因。诗人秋夜望月，虽并非特指中秋节这天，却仍是对月思乡的千年一叹。白居易的同族兄弟因战事散落五地，蒙受难以相聚的灾难，也表达了自己身世飘零的感伤情绪。这首诗题目很长，交代了写作的原因、背景，表达了家人失散、天各一方的无奈和人在逆旅、身不由己的感伤。只是月下的兄妹若在此时仰头望月，是否能知晓此时此刻有亲人虽身处异地，也对月长叹相思之苦呢？

刘熙载在《艺概》中说："常语易，奇语难，此诗之初关也。奇语易，常语难，此诗之重关也。香山常得奇，此境良非易到。"全诗不用典，平白铺叙，恰如其分地表达了望月之时的真实情感，以情动人，堪称"用常得奇"的佳作。

白居易（772—846），字乐天，号香山居士，祖籍太原（今属山西），到其曾祖父时迁居下邽（今陕西渭南）。白居易与元稹共同倡导新乐府运动，世称"元白"。他的诗歌取材广泛，语言通俗平朴，代表诗作有《长恨歌》《卖炭翁》《琵琶行》等。

八月十五夜赠张功曹

唐·韩　愈

纤云①四卷天无河②，清风吹空月舒波③。

沙平水息声影绝，一杯相属④君当歌。

君歌声酸辞且苦，不能听终泪如雨：

"洞庭连天九疑⑤高，蛟龙出没猩鼯⑥号。

十生九死到官所，幽居默默如藏逃。

下床畏蛇食畏药⑦，海气⑧湿蛰⑨熏腥臊。

昨者州前捶大鼓，嗣皇⑩继圣登⑪夔皋⑫。

赦书⑬一日行万里，罪从大辟⑭皆除死⑮。

迁者⑯追回流者还，涤瑕⑰荡垢清朝班。

州家⑱申名⑲使家⑳抑㉑，坎轲只得移荆蛮㉒。

判司㉓卑官不堪说，未免捶楚㉔尘埃间。

同时流辈多上道㉕，天路㉖幽险㉗难追攀。"

君歌且休听我歌，我歌今与君殊科㉘。

一年明月今宵多，人生由命非由他，

有酒不饮奈明何。

注释：

①纤云：微云。

②河：银河。

③月舒波：月光向四面舒展。

④属（zhǔ）：劝酒。

⑤九疑：又名苍梧山，在今湖南宁远县境。

⑥鼯（wú）：鼠类的一种。

⑦药：指蛊毒。据说古时南方人喜将多种毒虫放在一起饲养，使之互相吞噬，最后剩下的毒虫叫作蛊，制成药后可杀人。

⑧海气：潮湿的空气。

⑨蛰：蛰伏，潜伏。

⑩嗣皇：指唐宪宗。

⑪登：进用。

⑫夔皋：夔和皋陶，传说是舜的两位贤臣。

⑬赦书：赦令。

⑭大辟：死刑。

⑮除死：免去死刑。

⑯迁者：贬谪的官吏。

⑰瑕：玉石的杂质。

⑱州家：州刺史。

⑲申名：上报名字。

⑳使家：观察使。

㉑抑：压制。

㉒荆蛮：今湖北江陵。

㉓判司：唐时对州郡诸曹参军的统称。

㉔捶楚：鞭打。诸曹参军官轻人贱，有过失甚至会遭鞭打。

㉕上道：上路回京。

㉖天路：指进身朝廷之路。

㉗幽险：艰险。

㉘殊科：不一样，不同类。

【文意疏通】

薄薄云丝四面散去，天上不见银河，空中清风飘飘，月光如荡漾的水波。

沙岸平展湖水宁静，声影都已消歇，斟一杯美酒，我劝你应该对月高歌。

你的歌声过分辛酸，歌词也真悲苦，我实在不能听下去，早就泪落如雨：

"洞庭湖波涛连天，九疑山高峻无比，蛟龙在水中出没，猩鼯在山间啼号。

九死一生，我才到达被贬谪的去处，蛰居荒僻，默默受苦有如罪犯藏逃。

下床常常怕蛇咬，吃饭时时怕中毒，近海地湿蛰伏蛇虫，到处熏散腥臊。

郴州府门前的大鼓，昨日捶个不停，新皇继位，定要举用贤能夔和皋陶。

大赦的文书，一日万里地传送四方，罪犯递减一等，死罪免死改为流放。

贬谪的改为追回，流放的也被召还，涤荡污秽瑕垢，改革弊端清理朝班。

刺史已为我申报，却被观察使扣压，命运坎坷，只得移向那偏僻的荆蛮。

做个判司卑职的小官，真不堪说起，一有过错未免因挨打而跪伏在地。

当时一起贬谪的人，大都已经启程，进身朝廷之路实在艰险，难以攀登。"

请你暂且停一停，听我也来唱一唱，我的歌比起你的歌，情调很不一样。

一年中的月色，只有今夜最美最多，人生全由天命注定，不在其他原因，

有酒不饮，如何对得起这明月光景。

【义理揭示】

适逢中秋良夜，诗人独身漂泊在外，抬头望见圆月，感触万千，不由得遣怀笔端。唐德宗贞元十九年（803）韩愈与张署，即诗题中的张功曹都任监察御史，曾因进言论及宫市之弊双双被贬。唐德宗贞元二十一年（805）正月，顺宗即位，二月甲子大赦。同年八月宪宗即位，又大赦天下。由于湖南观察使杨凭从中作梗，两次大赦他们均未能调回京都，只得改官江陵。先因直谏遭贬，后又受抑于杨凭，此诗笔调近似散文，语言古朴，直陈其事。诗中写"君歌""我歌"和衷共诉，淋漓尽致。明写张功曹谪迁赦回经历艰难，暗指自己与其遭遇相同，郁郁不得志。全诗抑扬开阖，波澜曲折，音节多变，韵脚灵活，既雄浑恣肆，又宛转流畅，极好地表达了诗人感情的变化。

韩愈（768—824），字退之，世称"韩昌黎"，河阳（今河南省孟县）人。唐代杰出的文学家、思想家，古文运动的领袖。著有《昌黎先生集》四十卷，《外集》十卷。他提出的文道合一、气盛言宜、务去陈言、文从字顺的理念，对后人的散文创作有极大的影响。

八月十五夜月

唐·杜　甫

满目飞明镜，归心折大刀。

转蓬①行地远，攀桂仰天高。

水路疑霜雪，林栖见羽毛。

此时瞻白兔，直②欲数秋毫③。

注释：

①转蓬：比喻辗转流离，远离家乡，好像飘零的蓬草。

②直：正，正在。

③秋毫：原指鸟类秋天生出的羽毛，此处比喻月宫白兔的兔毛。

【文意疏通】

明镜似的月亮照满眼，思乡的情绪如同刀在心头割。

辗转流离，离家乡越来越远！欲攀月中桂，天空如此远阔！

水路洁白疑是霜雪，林中栖息的小鸟正梳理着羽毛。

看着那月宫中的兔儿，正在明亮的月光下，悠闲地数着新生的白毛。

【义理揭示】

这是诗人避乱蜀中，中秋之夜所作。月圆人不圆，羁旅愁思连连。诗人喟叹辗转漂泊，即便有归家的愿望，却实在无依无靠，不知何往。诗中"林栖见羽毛""白兔数秋毫"的联想提

笔奇险，妙想连篇。

嫦 娥

唐·李商隐

云母屏风烛影深①，长河②渐落晓星沉。

嫦娥应悔偷灵药，碧海青天③夜夜心。

注释：

①深：暗。

②长河：银河。

③碧海青天：指嫦娥的枯燥生活，只能见到碧色的海，深蓝色的天。

【文意疏通】

云母屏风染上一层浓浓的烛影，银河逐渐斜落，启明星也已下沉。

嫦娥想必悔恨当初偷吃不死药，如今空对碧海青天而夜夜心寒。

【义理揭示】

嫦娥奔月是中秋节众多传说中较为出名的一则。据说她原是后羿的妻子，因为偷吃了西王母送给后羿的不死药，飞奔到月宫，成了仙子。诗人望月，难免揣度广寒仙子的心境，她是否懊悔当初偷吃了不死药，以致独居寒宫，凄清哀婉。另有一说借此抒发寂寞之情。其实，嫦娥也好，诗人也罢，天上地下、神仙凡人，在面对寂寞时怕也是意绪相通的。

李商隐（813—858），字义山，号玉豀生，又号樊南生，原籍怀州河内（今河南沁阳），祖辈迁荥阳（今河南郑州荥阳市），晚唐时最出色的诗人之一。他擅长诗歌写作，骈文文学价值也很高，和杜牧合称"小李杜"，与温庭筠合称为"温李"。

水调歌头·丙辰中秋

宋·苏 轼

丙辰①中秋，欢饮达旦②，大醉。作此篇，兼怀子由③。

明月几时有，把酒④问青天。不知天上宫阙，今夕是何年。我欲乘风归去，又恐琼楼玉宇⑤，高处不胜⑥寒。起舞弄清影⑦，何似在人间。

转朱阁⑧，低绮户⑨，照无眠。不应有恨，何事长向别时圆。人有悲欢离合，月有阴晴圆缺，此事古难全。但愿人长久，千里共婵娟⑩。

注释：

①丙辰：宋神宗熙宁九年（1076）。

②达旦：至早晨、到清晨。

③子由：苏轼的弟弟苏辙，字子由。

④把酒：端起酒杯。把，执、持。

⑤琼楼玉宇：美玉砌成的楼宇，指想象中的仙宫。

⑥不胜：经受不住。

⑦弄清影：月光下的身影也跟着做出各种舞姿。弄，赏玩。

⑧朱阁：朱红色的华丽楼阁。

⑨绮户：彩绘雕花的门窗。

⑩婵娟：指月亮。

【文意疏通】

丙辰年的中秋节，高兴地喝酒直到第二天早晨，喝到大醉，写了这首词，同时思念弟弟苏辙。

明月从什么时候才开始出现的？我端起酒杯问一问苍天。不知道在天上的宫殿，今天晚上是哪一年。我想要乘御清风回到天上，又恐怕返回月宫中美玉砌成的楼宇，受不住高耸九天的寒冷。翩翩起舞玩赏着月下清影，归返月宫怎比得上在人间。

月儿转过朱红色的楼阁，低低地挂在雕花的窗户上，照着没有睡意的自己。明月不该对人们有什么怨恨吧，为什么偏在人们离别时才圆呢？人有悲欢离合的变迁，月有阴晴圆缺的转换，这种事自古以来难以周全。只希望这世上所有人的亲人能平安健康，即便相隔千里，也能共享这美好的月光。

【义理揭示】

这首词是中秋望月怀人的名篇，词人借词表达了对其弟苏辙的无限怀念。胡仔的《苕溪渔隐丛话》认为此词是写中秋的词里最好的一首。这首词仿佛是与明月的对话，在对话中探讨着人生的意义。理趣、情趣、意趣尽得，耐人寻味。吴潜的《霜天晓角》："且唱东坡《水调》，清露下，满襟雪。"《水浒传》第三十回写八月十五"可唱个中秋对月对景的曲儿"，唱的就是这"一支东坡学士中秋《水调歌》"。可见其在宋元时传唱之盛。

全词意境美不胜收，词人对话明月的浪漫情怀给后世之人无限的美的享受。

太常引·建康中秋夜为吕叔潜①赋

宋·辛弃疾

一轮秋影转金波②，飞镜③又重磨。把酒问姮娥④：被白发、欺人奈何？

乘风好去，长空万里，直下看山河。斫⑤去桂婆娑⑥，人道是、清光更多。

注释：

①吕叔潜：名大虬，生平事迹不详。

②金波：形容月光浮动。

③飞镜：飞天之明镜，指月亮。

④姮娥：即嫦娥，传说中的月中仙子。

⑤斫：砍。

⑥婆娑：树影摇曳的样子。

【文意疏通】

一轮缓缓移动的秋月洒下万里金波，就像那刚磨亮的铜镜又飞上了天廓。我举起酒杯问那月中的嫦娥：怎么办呢？白发日增，好像故意欺负我。

我要乘风飞上万里长空，俯视祖国的大好山河。还要砍去月中摇曳的桂树枝杈，人们说，这将使月亮洒下人间的光辉更多。

【义理揭示】

此词作于宋孝宗淳熙元年（1174）中秋夜，是题赠友人之作。嫦娥奔月、吴刚折桂的中秋节传说现于词中，暗指金人统治下的家乡已今非昔比，旧时的人事皆处境堪忧。整首词由神话传说切入，借艺术想象力企图解决现实中的苦闷，如此做法可谓新颖。

倪庄中秋

元·元好问

强饭①日逾瘦，狭衣②秋已寒。

儿童漫相忆，行路岂知难。

露气入茅屋，溪声③喧石滩。

山中夜来月，到晓不曾看。

注释：

①强饭：勉强进食。

②狭衣：此处指局促、不宽敞的衣服。

③溪声：溪涧的流水声。

【文意疏通】

勉强进食，身形日渐消瘦，穿着局促的衣服，秋天的寒意在不知不觉中到来。

回忆起童年往事，那时候怎么知道人生的艰难。

早上的露气进到茅屋里，石滩上溪水声喧响。

山里夜空月亮高悬，直到黎明也从未看过一眼。

【义理揭示】

这首诗承袭元诗一贯不尚浮华、平朴浅白的语言特点。中秋的寒意中映射出艰辛的社会生活状况。前两句平铺直叙，第三句"溪声喧石滩"由流水的声响反衬周围环境的静，而"山中夜来月，到晓不曾看"一句更可看出诗人此时的心境。中秋原本是赏月的时候，诗人却无心吟诵，可见别有一番忧愁萦绕在心头。

元好问（1190—1257），字裕之，号遗山，山西秀容（今山西忻州）人。工诗文，在金元之际颇负重望；诗词风格沉郁，多为伤时感事之作。著有《遗山集》，又名《遗山先生文集》，编有《中州集》。

咏月饼诗

清·袁景澜

形殊寒具制，名从食单核。

巧出饼师心，貌得婵娟月。

入厨光夺霜，蒸釜气流液。

揉搓细面尘，点缀胭脂迹。

戚里相馈遗，节物无容忽。

皓月瑶池怨，碗中泛青光。

玉食皆入口，此饼乃独绝。

沾巾银丝透，举头相思愁。

儿女坐团圆，杯盘散狼藉。

【文意疏通】

月饼形状各异，是用铁模子制成，名称也各异，在菜单上点出。

因月饼师傅的巧心，使月饼像月亮一样美丽。

制作月饼的厨房景象，蒸锅冒着热气。

仔细地搓面、揉面，给月饼的表面点上红色点缀。

亲戚邻里间相互馈赠，这是不能忽视的佳节礼物。

月饼白得像皓月，瑶池都比不上，放在碗里好似泛着青光。

品尝了各种美食后，这样的月饼绝无仅有，堪称一绝。

清泪沾巾，抬头望月思念亲人。

子女团坐，熙熙而乐，中秋聚会后桌上杯盘碗盏胡乱摆放，吃得尽兴。

【义理揭示】

月饼是节令食品，端午节吃粽子、元宵节吃汤圆，中秋节自然是要吃月饼的。随着时间的推演，月饼由最初的祭品逐渐演变为佳节食品，后又因团圆、圆满的意象成为了阖家团圆的象征，亦为民间互相馈赠的礼品。就连著名词人苏东坡也题有"小饼如嚼月，中有酥和饴"一句来描写月饼。清朝诗人袁景澜的这首诗对月饼的制作、亲友间互赠月饼到设家宴及赏月，皆叙述无遗。中秋皓月当空，阖家团聚，品饼赏月，诗中恰好写出了古往今来中国人最在意的"天伦之乐"。

袁景澜，字文绩，号春巢，清元和（今属苏州）人。

　　农历八月十五是中国传统的中秋佳节。农历七月、八月、九月均属秋季，分别对应着孟秋、仲秋、季秋的叫法。八月是中间的月份，而十五日又是月中，"仲秋""中秋"真算得上"名副其实"了。欧阳詹在《长安玩月诗序》里写道，"八月于秋，季始孟终。十五于夜，又月之中"，一语道出中秋的时序特点。

　　古时民间有"秋暮夕月"的习俗，"古者先王既有天下，又崇立于上帝明神而敬事之，于是乎有朝日、夕月，以教民事君"。夕月是祭拜月亮的礼仪，中秋与月亮或因此结下不解之缘。盛唐时，中秋祭月逐步演化为放天灯、舞火龙、点塔灯、烧斗香等系列庆祝活动。到了宋朝，作为民间节日的中秋节依旧盛行，《东京梦华录》中描写道，"贵家结饰台榭，民间争占酒楼玩月"，意思是，每逢中秋佳节，京城的所有店家、酒楼都重装门面、张灯结彩；百姓们多举家登上楼台，摆上新鲜佳果和精制面食，共同赏月叙谈，遥祝远方的家人。

　　中秋节的吴刚伐桂、嫦娥奔月、玉兔捣药等神话传说都与月亮有关。古往今来，中秋节这天人们拜月、赏月的习俗也从未"移步"。相传古时齐国丑女无盐在幼年时曾虔诚拜月，后因品德超群入宫，却一直未受宠幸。直到天子在八月十五赏月时遇到她，被月光下的无盐所吸引，决定册封其为皇后。后来，少女们纷纷仿照无盐在中秋"拜月"，以求"貌似嫦娥，面如

皓月"。

从季节的特点来看，中秋是赏月的好日子。天高气爽、夜空明净，圆月高悬，显得分外明亮。月光倾泻而下，赏月的人们望着深色天幕中圆满的月亮，时而陶醉，时而怅惘。唐代诗人王建的《十五夜望月》"中秋地白树栖鸦，冷露无声湿桂花。今夜明月人尽望，不知秋思落谁家！"宋代诗人苏轼的《中秋月》"暮云收尽溢秋寒，银汉无声转玉盘。此生此夜不长好，明月明年何处看。"中秋赏月的诗词中，李白的《把酒问月》可算千古名篇，后世之人反复吟诵赏析，体会"对月独酌，对影成三人"的悠远意境。"今人不见古时月，今月曾经照古人。古人今人若流水，共看明月皆如此。惟愿当歌对酒时，月光常照金樽里。"正所谓对酒当歌，人生几何，文人赏月雅兴十足，乐此不疲。不过，赏月诗中更多的是借月抒情。

由满月联想到人世间的悲欢离合，构成了中秋节以"团圆"为题的情感主线。明月千里寄相思，今月曾经照古人，历代文人的中秋节，既少不了一轮明月，更少不了吟诗作赋。

诗圣杜甫在《月夜忆舍弟》中写道："戍鼓断人行，秋边一雁声。露从今夜白，月是故乡明。有弟皆分散，无家问死生。寄书长不达，况乃未休兵。"诗人在战乱之中思乡念亲之情溢于言表，感人至深。唐代诗人殷文圭的《八月十五夜》云："万里无云镜九州，最团圆夜是中秋。满衣冰彩拂不落，遍地水光凝欲流。华岳影寒清露掌，海门风急白浪头。因君照我丹心事，减得愁人一夕愁。"观月减愁，也算是诗人的一种自我安慰了。中秋节诗词中最著名的是苏轼的词《水调歌头》："明月几时有，把酒问青天，不知天上宫阙，今夕是何年。我欲乘风归去，又恐琼楼玉宇，高处不胜寒。起舞弄清影，何似在人间。转朱阁，低绮户，照无眠，不应有恨，何事长向别时圆。人有悲欢离合，月有阴晴圆缺，此事古难全。但愿人长久，千里共婵娟。"由于古代的人把圆月视为团圆的象征，因此，又把中秋节称为"团圆节"。人们常常用月圆、月缺来形容人间的悲欢离合，尤其是客居他乡的游子，更是以月来寄托他们思乡念亲的深情。

另外，中秋节还有赏桂、观潮、吃月饼等习俗，历代的中秋节诗歌里的描述也很丰富。因为传说月中有桂树，所以赏桂也成为中秋的活动之一。唐代诗人宋之问的《灵隐寺》中有"桂子中天落，天香云外飘"的描写，宋代诗人虞俦在《有怀汉老弟》中也有"芙蓉泣露坡头见，桂子飘香月下闻"的记述。可见，赏桂也是文人们钟情的一桩乐事。

中秋还有观潮的风尚。据《元和郡县志·江南道钱塘县》记载："浙江东流入海处的钱塘江，每年八月十五日，浪涛涌至数丈，数百里士女，共观舟人渔子，沂涛触浪，谓之'弄潮'。"白居易的《咏潮》诗写道："早潮才落晚潮来，一月周流六十回。不独光阴朝复暮，杭州老去被潮催。"苏轼任杭州府时，也曾多次观潮，他写的《中秋夜观潮》云："定知玉兔十分圆，已作霜风九月寒。寄语重门休上锁，夜潮留向月中看。万人鼓噪慑吾侬，犹似浮江老阿童。欲识潮头高几许？越山浑在浪花中。"从这首诗中不难看出当时观潮人数之多，潮水气势之磅礴。

"八月十五月儿圆，中秋月饼香又甜"这句名谚道出了中秋之夜吃月饼的习俗。据说月饼起源于唐代军队的祝捷食品。因

为大将军李靖于高祖年间征讨匈奴得胜，八月十五胜利凯旋，于是，从此民间开始有了中秋吃月饼的习俗。清代诗人袁景澜的《咏月饼诗》云："形殊寒具制，名从食单核。巧出饼师心，貌得婵娟月。入厨光夺霜，蒸釜气流液。揉搓细面尘，点缀胭脂迹。戚里相馈遗，节物无容忽。"诗人不仅描画了月饼的状貌，也细致地介绍了月饼的制作过程，还道出了"戚里相馈遗"的风尚。近代诗人陈景梅在《中秋饼》写道："正当三五夜清寒，买饼分甘向市圜。馋口儿童开口笑，为何皓魄落筵间？"明白如话的诗句，把吃月饼的喜悦描绘得活灵活现，栩栩如生。民国诗人施景琛则从另外的角度写吃月饼："饼儿圆与月儿如，更兆嘉祥食有余。多感外家爱护意，年年例又贶双鱼。"（《中秋词》）诗人从浑圆如月的月饼想到了吉庆有余的富裕生活，也有感谢亲戚邻里的馈赠之情。

淡淡的月光世界塑造出中国人的审美境界和意趣。从这些佳词好句中我们可以体会到，月亮的盈亏晦明循环，不仅支配着华夏民族的生产与生活，还给民族注入了对生生不息的生命精神、宁静的智慧品格和天人和谐的追求。面对柔润晶莹的月色，我们倾诉着一切的烦恼郁闷、欢欣愉快、人世忧患和生死别离，似乎一切情感都能由此得到寄托。

文化传递

中秋之夜，遥望空中的一轮皓月，心中念着亲人，期盼团圆。中国人长久以来追求与自然的和谐相处，从月亮的阴晴圆缺中联想到亲人之间的人性关怀，寻到天象与人文间的共相。

数千年来，中秋月圆不知唤起了多少心绪的波澜，此时的月是记忆中的家乡、梦中的童年，这一晚，它蕴含着民族情感的宁静与淡淡的感伤。

月是故乡明

季羡林

每个人都有个故乡，人人的故乡都有个月亮。人人都爱自己故乡的月亮。事情大概就是这个样子。

但是，如果只有孤零零一个月亮，未免显得有点孤单。因此，在中国古诗文中，月亮总有什么东西当陪衬，最多的是山和水，什么"山高月小""三潭印月"等等，不可胜数。

我的故乡是在山东西北部大平原上。我小的时候，从来没有见过山，也不知山为何物。我曾幻想，山大概是一个圆而粗的柱子吧，顶天立地，好不威风。以后到了济南，才见到山，恍然大悟：原来山是这个样子呀！因此，我在故乡里望月，从来不同山联系。像苏东坡说的"月出于东山之上，徘徊于斗牛之间"，完全是我无法想象的。

至于水，我的故乡小村却大大地有。几个小苇坑占了小村一多半。在我这个小孩子眼中，虽不能像洞庭湖"八月湖水"那样有气派，但也颇有一点烟波浩渺之势。到了夏天，黄昏以后，我在坑边的场院里躺在地上，数天上的星星。有时候在古柳下面点起篝火，然后上树一摇，成群的知了飞落下来，比白天用嚼烂的麦粒去粘要容易得多。我天天晚上乐此不疲，天天盼望黄昏早早来临。

到了更晚的时候，我走到坑边，抬头看到晴空一轮明月，

清光四溢，与水里的那个月亮相映成趣。我当时虽然还不懂什么叫诗兴，但也顾而乐之，心中油然有什么东西在萌动。有时候在坑边玩很久，才回家睡觉。在梦中见到两个月亮叠在一起。清光更加晶莹澄澈。第二天一早起来，到坑边苇子丛里去捡鸭子下的蛋，白白地一闪光，手伸向水中，一摸就是一个蛋。此时更是乐不可支了。

我只在故乡待了六年，以后就离乡背井飘泊天涯。在济南住了十多年，在北京度过四年，又回到济南待了一年，然后在欧洲住了十一年，重又回到北京，到现在已经十多年了。在这期间，我曾到过世界上将近三十个国家，我看过许许多多的月亮。在风光旖旎的瑞士莱芒湖上，在平沙无垠的非洲大沙漠中，在碧波万顷的大海中，在巍峨雄奇的高山上，我都看到过月亮。这些月亮应该说都是美妙绝伦的，我都异常喜欢。但是，看到他们，我立刻就想到我故乡中那个苇坑上面和水中的那个小月亮。对比之下，无论如何我也感到，这些广阔世界的大月亮，万万比不上我那心爱的小月亮。不管我离开我的故乡多少万里，我的心立刻就飞来了。我的小月亮，我永远忘不掉你！

我现在已经年近耄耋，住的是朗润园胜地。夸大一点说，此地有茂林修竹，绿水环流，还有几座土山，点缀其间。风光无疑是绝妙的。前几年，我从庐山休养回来，一个同在庐山休养的老朋友来看我。他看到这样的风光，慨然说："你住在这样的好地方，还到庐山去干吗呢！"可见朗润园给人印象之深。此地既然有山，有水，有树，有花，有鸟，每逢望夜，一轮当空，月光闪耀于碧波之上，上下一空，一碧数顷，而且荷香远溢，宿鸟幽鸣，真不能不说是赏月胜地。荷塘月色的奇景，就在我的窗外。不管是谁来到这里，难道还能不顾而乐之吗？

然而，每值这样的良辰美景，我想到的仍然是故乡苇坑里的那个平凡的小月亮。见月思乡，已经成为我经常的经历。思乡之病，说不上是苦是乐，其中有追忆，有惆怅，有留恋，有惋惜。流光如逝，时不再来。在微苦中实有甜美在。

月是故乡明，我什么时候能够再看到我故乡的月亮呀！我怅望南天，心飞向故里。

文化感悟

1. 上面所选诗词中，你最喜欢哪两首？请熟读成诵。

2. 在中秋圆月之际，你想到哪些人为人民幸福安康而坚守在自己岗位？请写一段心语，向他们致以深深的祝福和谢意。

3. 如果你有月下抒怀的兴致，不妨写几句，娱己乐人。

第八章　福寿绵长重阳节

文化典籍

滕王阁序（节选）

唐·王　勃

时维九月，序①属三秋②。潦水③尽而寒潭清，烟光凝而暮山紫。俨④骖䯂⑤于上路⑥，访风景于崇阿⑦；临帝子⑧之长洲⑨，得天人之旧馆⑩。层峦耸翠，上出重霄；飞阁流丹⑪，下临⑫无地。鹤汀凫渚⑬，穷岛屿之萦回⑭；桂殿兰宫，即冈峦之体势。

披⑮绣闼⑯，俯雕甍⑰，山原旷其盈视，川泽纡⑱其骇瞩⑲。闾⑳阎㉑扑㉒地，钟鸣鼎食㉒之家；舸㉓舰迷津，青雀黄龙㉔之舳㉕。云销㉖雨霁㉗，彩㉘彻区㉙明。落霞与孤鹜㉚齐飞，秋水共长天一色。渔舟唱晚，响穷彭蠡㉛之滨；雁阵惊寒，声断衡阳㉜之浦㉝。

遥襟甫㉞畅，逸兴遄㉟飞。爽籁㊱发而清风生，纤歌凝而白云遏㊲。睢园㊳绿竹，气凌㊴彭泽之樽㊶；邺水㊷朱华㊸，光照临川㊹之笔。四美㊺具，二难㊻并。穷睇眄㊼于中天，极娱游于暇日。天高地迥㊽，觉宇宙之无穷；兴尽悲来，识盈虚㊾之有数。望长安于日下，目吴会③于云间。地势极而南溟⑤深，天柱⑥高而北辰⑥远。关山⑨难越，谁悲失路之人？萍水相逢，尽是他乡之客。怀帝阍⑤而不见，奉宣室以何年？

嗟乎！时运不齐，命途多舛。冯唐易老⑥，李广难封⑥。屈贾谊于长沙⑥，非无圣主⑥；窜梁鸿于海曲，岂乏明时⑥？所赖君子见机，达人知命。老当益壮，宁移白首之心？穷且益坚，不坠青云之志。酌贪泉而觉爽⑥，处涸辙以犹欢。北海虽赊，扶摇可接；东隅⑥已逝，桑榆⑥非晚。孟尝高洁，空余报国之情；阮籍⑥猖狂，岂效穷途之哭！

注释：

①序：时序。

②三秋：古人称七、八、九月为孟秋、仲秋、季秋，三秋即季秋，九月。

③潦（lǎo）水：蓄积的雨水。

④俨：整齐的样子。

⑤骖（cān）骓（fēi）：驾车两旁的马。

⑥上路：高高的道路。

⑦崇阿：高大的山陵。

⑧帝子：与下文的"天人"都指滕王。

⑨长洲：滕王阁前的沙洲。

⑩旧馆：指滕王阁。

⑪飞阁流丹：飞檐涂饰红漆。飞阁，架空建筑的阁道。流丹，朱红的漆彩鲜艳欲滴。丹，丹漆，泛指彩绘。

⑫临：从高处往下探望。

⑬鹤汀凫（fú）渚（zhǔ）：鹤所栖息的水边平地，野鸭聚处的小洲。

汀，水边平地。凫，野鸭。渚，水中小洲。

⑭萦回：曲折。

⑮披：开。

⑯绣闼（tà）：绘饰华美的门。

⑰雕甍（méng）：雕饰华美的屋脊。

⑱纡：迂回曲折。

⑲骇瞩：对见到的景物感到吃惊。

⑳闾（lú）阎（yán）：里门，这里代指房屋。

㉑扑：满。

㉒钟鸣鼎食：古代贵族鸣钟列鼎而食，用钟鸣鼎食指代名门望族。

㉓舸：船。

㉔青雀黄龙：船的装饰形状，船头作鸟头型、龙头型。

㉕舳（zhú）：船尾把舵处，这里代指船只。

㉖销：通"消"，消散。

㉗霁：雨过天晴的样子。

㉘彩：日光。

㉙区：天空。

㉚鹜（wù）：野鸭。

㉛彭蠡（lǐ）：古代大泽，即今鄱阳湖。

㉜衡阳：今属湖南省，境内有回雁峰，相传秋雁到此就不再南飞，待春而返。

㉝浦：水边、岸边。

㉞甫：顿时。

㉟遄（chuán）：迅速。

㊱爽籁：清脆的排箫音乐。籁，管子参差不齐的排箫。

㊲白云遏（è）：形容音响优美，使得行云都停驻。遏，阻止，停止。

㊳睢（suī）园：即西汉梁孝王在睢水旁修建的竹园。

㊴凌：超过。

㊵彭泽：县名，在今江西湖口县东，此代指陶渊明。

㊶樽：酒器。

㊷邺水：在邺下（今河北省临漳县）。邺下是曹魏兴起的地方，“三曹”常在此雅集作诗。

㊸朱华：荷花。

㊹临川：郡名，治所在今江西省抚州市，此处代指谢灵运。谢灵运曾任临川内史。

㊺四美：指良辰、美景、赏心、乐事。

㊻二难：指贤主、嘉宾。难，难得。

㊼睇（dì）眄（miǎn）：看。

㊽迥：远。

㊾盈虚：盈满和亏损。

㊿吴会（kuài）：吴地的古称。

(51)南溟：南方的大海。

(52)天柱：传说中昆仑山高耸入天的铜柱。

(53)北辰：北极星，此处比喻国君。

(54)关山：险关和高山。

(55)帝阍（hūn）：天帝的守门人，此处借指皇帝的宫门。

(56)冯唐易老：冯唐在汉文帝、汉景帝时不被重用，汉武帝时被举荐，但已是九十多岁。

(57)李广难封：李广为汉武帝时名将，多次与匈奴作战，军功卓著，却始终未获封爵。

58屈贾谊于长沙：贾谊在汉文帝时被贬为长沙王太傅。

59圣主：指汉文帝，泛指圣明的君主。

60明时：指汉章帝时代，泛指政治昌明的时代。

61酌贪泉而觉爽：喝下贪泉的水，仍觉得心境清爽。贪泉在广州附近的石门，传说饮此水会变得贪得无厌。

62东隅：日出处，表示早晨，引申为"早年"。

63桑榆：日落处，表示傍晚，引申为"晚年"。

64阮籍：三国魏诗人。不满世事，佯装狂放，常驾车出游，路不通时就恸哭而返。

【文意疏通】

正值九月，秋高气爽。积水消尽，寒潭清澈，淡淡的云烟凝聚，重重的暮霭泛着紫光。在高高的山路上驾着马车，在崇山峻岭里遍访风景。来到昔日帝子居住的长洲，找到仙人休养过的宫殿。层层的楼台耸立在青翠的山峰，仿佛要直冲云霄；凌空的飞檐闪溢着红色的光辉，仿佛要直插大地。白鹤野鸭尽情地畅游在萦回的小岛，洒满兰桂花香的宫殿错落有致地起伏在山峦。

打开绣花的阁门，俯视雕梁画栋的屋脊，山峰平原尽收眼底，江河湖泊蜿蜒曲折令人惊奇。满眼楼宇巷陌，尽是钟鸣鼎食的富贵人家；舸舰泊满渡口，全为绘有青雀黄龙的大船。暴雨初歇，彩虹方消，空气清朗，阳光和煦。晚霞与野鸭交相辉映，天水相接，眼前景象浑然一色。返航的渔舟里传来优美的渔歌，回响在整个彭蠡湖畔；南归的雁群在寒风里发出的呼唤，回荡在衡阳的水边。

敞开心怀俯望，飘逸的兴致激荡。笙箫吹起清风阵阵，轻歌曼舞让流动的白云也为此驻足。正如睢园竹林的聚会，杯中豪气直比彭泽县令陶渊明；正如邺水咏莲，诗中风采胜过临川内史谢灵运。声乐美食、文采风流俱备，良辰美景、赏心悦事尽收。极目远眺，尽情欢娱。苍天远，大地辽，感宇宙之无穷无尽。欢乐尽，伤心来，兴衰皆有命。回望夕阳下的长安，指点吴会于云海间。大地有穷尽，而南海深不可测，擎天之柱不可攀，北斗星辰何其遥远。关山难越，谁来痛惜失意人？萍水相逢，均为异乡漂泊客。满怀的抱负，王宫何时能见？皇帝的召见，又是何年？

唉！时运不济，命里多磨难。冯唐容易衰老，李广难得封侯。贾谊屈尊于长沙，并非没有圣明的君王；梁鸿逃匿在海湾，又岂是缺乏政治昌明的年代？不过都是君子安于贫困，豁达之人知道自己的命运罢了。年纪越老志气更加旺盛，怎能在白发时改变初衷？处境越是清贫情操更加坚定，决不会放弃自己的凌云壮志。喝了贪泉的水，心境清爽，哪怕身处干涸的车辙，胸怀依然开朗。北海虽遥，乘风可达；早晨过去了，珍惜黄昏仍为时不晚。孟尝君心存高洁，可惜空怀一腔报国之心；阮籍为人不羁，怎么能仿效他车至绝路后的哭泣！

【义理揭示】

据《旧唐书·王勃传》记载，《滕王阁序》作于重阳节这天，王勃也因此赋名震文坛。文中虽不刻意突出重阳的时序，但随处可见佳节独特的物候特征。韩愈作《新修滕王阁记》曰："愈少时则闻江南多临观之美，而滕王阁独为第一，有瑰玮

绝特之称。及得三王所为序、赋、记等，壮其文辞，亦欲往一观而读之。工既讫功，公以众饮，而以书命愈曰：'子其为我记之。'愈既以未得造观为叹，窃喜载名其上，词列三王之次，有荣耀焉。"《滕王阁序》既是六朝骈文之新变，也是唐朝骈文通俗化格律化之先声。

王勃（650—676），字子安，绛州龙门（今山西河津）人，与杨炯、卢照邻、骆宾王齐名，世称"初唐四杰"。

蜀 中 九 日

唐·王　勃

九月九日望乡台，他席他乡送客杯。
人情已厌南中苦，鸿雁那从北地来？

【文意疏通】

九月九日重阳节登高望故乡。身处他乡，设席送朋友离开，举杯之际分外愁。

心中已经厌倦了南方客居的各种愁苦。我想北归不得，鸿雁，你为何还要南来？

【义理揭示】

抒发了重阳节思亲的感情，登高望远，平添一份离愁，怎料想从北方飞来鸿雁，更是勾起诗人思乡的愁绪。全诗点睛之笔在煞尾的问句"鸿雁那从北地来"，看似"无理"，却因其不藏掖而特别真切动人。

九月九日①忆山东②兄弟

唐·王　维

独在异乡为异客③，每逢佳节倍思亲。

遥知兄弟登高处，遍插茱萸④少一人。

注释：

①九月九日：即重阳节。

②山东：王维迁居于蒲县（今山西永济县），在函谷关与华山以东，
　称山东。

③异客：他乡的客人。

④茱（zhū）萸（yú）：一种香草，香味浓烈。古时人们认为重阳节
　插戴茱萸可以避灾克邪。

【文意疏通】

独自漂泊在外做异乡之客，每逢佳节到来就更加思念亲人。
遥想家乡的亲人们今天都在登高，遍插茱萸时唯独少我
一人。

【义理揭示】

羁留在外的游子遇到良辰佳节格外思念亲人，这是人之常
情。从王维的这首诗中可以看出重阳节登高、佩戴茱萸的风
俗。独自一人在异乡，诗人遥想远在故乡的兄弟们今天登高时
身上都佩上了茱萸，却发现少了自己。看似是说兄弟们团聚唯
独少"我"一个，实际是表明自己未能归故里与亲人欢聚；看
似在诉说兄弟们缺"我"一人而感缺憾，实际是表明自己在客

乡的身不由己。

王维（约701—761），字摩诘，号摩诘居士，世称"王右丞"，唐朝蒲州（今山西永济）人，祖籍山西祁县，唐朝著名诗人、画家。存诗400余首，代表诗作有《相思》《山居秋暝》等。

九月十日即事①

唐·李　白

昨日登高②罢，今朝再举觞③。

菊花何太苦，遭此两重阳④？

注释：

①即事：以眼前事物为题材所作的诗。

②登高：古时重阳节有登高的习俗。

③举觞（shāng）：举杯。觞，盛酒的器具。

④遭此两重阳：古时有重阳后一日宴赏为"小重阳"之说，这里是菊花因第二天的宴赏还需被再度采摘的意思。

【文意疏通】

昨天刚登上龙山宴饮，今天又在这里举起了酒杯。

菊花为何这样受苦，遭到连续两日的采折之罪？

【义理揭示】

这首诗是李白在龙山登高时以眼前事物为题材所作。诗人在前一日已登过龙山，并作《九日龙山饮》。按旧俗，这一天是

"小重阳"宴赏，作者由此感叹菊花连续两天遭到采摘，不免使其联想到自己两入长安都遭到政治上的重创。在唐宋时代，"小重阳"即农历九月十日，在大小重阳两天内，揣度菊花接连遇到登高游人的采撷，连连抱怨"太苦"，实在是别出心裁。朱金城的《李白集校注》云："九日登高而采菊者，重阳之故事也。十日而复登焉，似乎两重阳矣。菊花再折，何太苦邪？菊非有所苦也，白诗善谑，体物悉情，化无为有，后世遂以为名言。诗人风流，千古一人也。"

李白（701—762），字太白，号青莲居士，唐代杰出的浪漫主义诗人，被后人誉为"诗仙"。祖籍陇西成纪（今甘肃省天水市秦安），其歌行体和七绝达到后人难及的高度。

九日①齐山②登高

唐·杜　牧

江涵秋影雁初飞，与客携壶上翠微③。

尘世难逢开口笑，菊花须插满头归④。

但将酩酊⑤酬佳节，不用登临恨落晖。

古往今来只如此，牛山⑥何必独沾衣？

注释：

①九日：九月九日重阳节。

②齐山：今安徽省池州市贵池区东南。

③翠微：指齐山上的翠微亭。

④菊花须插满头归：此句化用典故。《艺文类聚》卷四引《续晋阳

秋》，"陶潜尝九月九日无酒，宅边菊丛中摘菊盈把，坐其侧，久留，见白衣至，乃王弘送酒也。即便就酌，醉而后归。"

⑤酩（mǐng）酊（dǐng）：大醉。

⑥牛山：在今山东临淄。据《晏子春秋·内篇谏上》，"（齐）景公游于牛山，北临其国城而流涕曰：'若何滂滂去此而死乎？'艾孔、梁丘据皆从而泣。"

【文意疏通】

江水倒映秋影，大雁刚刚南飞，约朋友携酒壶共登峰峦翠微。

尘世烦扰，平生难逢开口一笑，菊花盛开之时要插满头再归。

只应纵情痛饮酬答重阳佳节，不必怀忧登临叹恨落日余晖。

人生短暂，古往今来终归如此，何必像齐景公那样对着牛山流泪呢？

【义理揭示】

这首诗是杜牧任池州刺史期间的作品。诗人在重阳佳节随俗簪花饮酒，不禁赋诗一首。满目的秋色虽然使诗人意兴盎然，但是那一轮夕阳不禁勾起诗人迟暮之思，却道人生苦短，乐少悲多。后因联想到齐景公的牛山坠泪，认为像"登临恨落晖"所感受到的那种人生无常，是古往今来尽皆如此的。既然并非今世才有此恨，就无需黯然神伤，不如苦中作乐，抱持达观的生活态度。一说诗人的旷达在诗中有着复杂的呈现，一方面在语言情调上表现为爽利豪宕，另一方面又是"尘世难逢开口笑""不用登临恨落晖""牛山何必独沾衣"的凄恻低回，愁情酝酿于胸，隐忍不发，却在诗中不自觉地流露出来，使这首诗爽快之余，另有含思凄恻之感。

阮郎归·天边

宋·晏几道

天边金掌①露成霜。云随雁字长。绿杯②红袖③趁重阳。人情似故乡。

兰佩紫，菊簪黄。殷勤理旧狂。欲将沉醉换悲凉。清歌莫断肠。

注释：

①金掌：铜制的手掌。汉武帝时所做金铜仙人，手捧铜盘承露，取露金饮之，以求长生不老。

②绿杯：代指美酒。

③红袖：指歌舞女郎。

【文意疏通】

天边金铜仙人掌上的托盘里，露水已凝结成霜，雁行一去是那么遥远，唯见云阔天长。绿酒杯，红袖女，趁着重阳佳节，大家来乐一场。人情温暖，倒有几分似在家乡。

我佩戴着紫茎的兰花，把几朵黄菊插在头上。竭力再做出从前那种狂放的模样。我想要用沉醉来换取悲凉，动人的歌声啊，千万别撩起我心中的哀伤！

【义理揭示】

词人是没落的贵公子，一生郁郁不得志。这年重阳佳节，他身处异乡却受到亲切的款待。在宴饮之际，与大家一同饮酒、佩兰、簪菊，长期压抑的情绪得以吐露。全词随情感变化，历经空灵至厚重，和缓至悠扬，跌宕起伏，赞美了故乡人情的美好，表达出思乡之情，同时又赞美了重阳节宴饮时感受到的浓厚友情，表达了对友情的珍视。

晏几道（1038—1110），字叔原，号小山，抚州临川（今属江西省）人。北宋著名词人，晏殊第七子。代表作品有《临江仙·梦后楼台高锁》《鹧鸪天·彩袖殷勤捧玉钟》等。

醉　花　阴

宋·李清照

薄雾浓云愁永昼①。瑞脑②销金兽③。佳节又重阳，玉枕纱厨④，半夜凉初透。

东篱把酒黄昏后。有暗香盈袖。莫道不消魂，帘卷西风，人比黄花瘦。

注释：

①永昼：整天。

②瑞脑：一种名贵的香料。

③金兽：兽形的铜香炉。

④纱厨：纱帐。

【文意疏通】

薄雾浓云日子过得愁烦，香料在兽形炉中袅袅。又到了重阳佳节，卧在玉枕纱帐里，半夜里凉气将全身浸透。

黄昏后在东篱边饮酒，菊花的幽香袭满衣袖。莫要说清秋不让人伤神，西风卷起门帘，帘内的人比菊花还瘦。

【义理揭示】

"乐莫乐兮新相知，悲莫悲兮生别离。"这首词是李清照前期的怀人之作。新婚后不久，李清照的丈夫赵明诚便"负笈远游"，她因此深深思念着远行的丈夫，借重阳佳节作词排遣愁绪。开篇点"愁"，结句言"瘦"，通过环境和时令的烘托，表现出与节日相悖的凄清景象，愁苦之情甚浓。

[双调] 沉醉东风·重九①

元·卢 挚

题红叶②清流御沟，赏黄花人醉歌楼。

天长雁影稀，月落山容瘦，冷清清暮秋时候。

衰柳寒蝉一片愁，谁肯教白衣③送酒？

注释：

①重九：农历九月初九重阳节。

②题红叶：即红叶题诗，化用红叶题诗觅得佳偶、良缘巧合的故事。

③白衣：古代官府衙役小吏着白衣，此处代指平民。

【文意疏通】

题诗在红叶上，让它带着情意顺着御沟的流水飘走，观赏菊花的人醉卧在歌楼上。

万里长空雁影稀疏，月亮落了远山变得狭长而显清瘦，暮秋时节到处都是冷冷清清的景象。

衰败的杨柳，寒秋的鸣蝉，天地间一片哀愁，这时节，有谁肯送酒来和我一起解忧？

【义理揭示】

这是一首描写重阳节的小令。全篇不提"重九"，却处处提及当日特有的节日习俗。暮秋季节天高气爽，自然景物有其独特的风韵。清冷的秋景，不免让诗人触景生情，用词铸句以造情景交融的意境。全诗撷取"重九"特别的景致，形象鲜明，语言清新明洁。

［双调］折桂令·九日①

元·张可久

对青山强整乌纱②。归雁横秋③，倦客思家。翠袖殷勤④，金杯错落⑤，玉手琵琶⑥。人老去西风白发，蝶愁来明日黄花。回首天涯，一抹斜阳，数点寒鸦。

注释：

①九日：农历九月初九。

②对青山强整乌纱：晋桓温于九月九日在龙山宴客，风吹落孟嘉帽，

他泰然自若，不以为意。这里化用孟嘉落帽的故事。

③归雁横秋：南归的大雁在秋天的空中横排飞行。

④翠袖殷勤：指歌女殷勤劝酒。翠袖，此处借指女子或歌女。

⑤金杯错落：各自举起酒杯。金杯，黄金酒杯。错落，参差相杂，一

说酒器名。

⑥玉手琵琶：歌女弹奏琵琶助兴。

【文意疏通】

面对着青山勉强整理头上的乌纱，归雁横越秋空，困倦游子思念故家。忆歌女殷勤劝酒，金杯错落频举，玉手弹奏琵琶。西风萧萧，人已衰老得满头白发，玉蝶愁飞明日黄花，回头看茫茫天涯，只见一抹斜阳，几只远飞的寒鸦。

【义理揭示】

这首小令既写"重阳"的美好，更写了游子的愁肠。年逾古稀的诗人在秋高气爽的季节里，满目尽是接近萧条的自然生息，眼前的秋景却无法唤起他的欣然悦色，反倒叫其老泪纵横，慨叹人世沧桑。由眼前实景写起，触景生情，官场的倾轧使诗人久疲于心，使人不免今昔对比，更添此刻思乡之愁。结尾处的漫漫天涯路更是诗人思归之情的真实写照。语言清丽，对仗工整，特别是巧妙地引前人诗词入曲，清雅自然，具有典雅蕴藉之美，堪称元散曲中的精品。

张可久（约1270—1340以后），号小山（一说名伯远，字可久），元朝著名散曲家、剧作家，与乔吉并称"双璧"，与张养

浩合为"二张"。现存小令850余首，为元人中存散曲最多者。

文化倾听

　　农历九月九日是重阳节。《易经》中有"以阳爻为九"，指的是以九为阳数。农历九月九日，两阳相重，得名"重阳"。

　　屈原的《远游》篇中已提到"重阳"之名，可见重阳节俗成很早，战国时期就已经形成，经汉代、三国时期的逐步发展，于魏晋时又添赏菊、饮酒的习俗，直至唐朝时期，重阳节被定为正式节日，习尚愈加丰富多彩。明代重阳之日有皇帝登万岁山览胜的习俗。《齐人月令》记载："重阳之日，必以糕酒登高眺远，为时宴之游赏。以畅秋志。酒必采茱萸甘菊以泛之，既醉而还。"其中对重阳节的习俗做了详细的概述。

　　梁朝吴均的《续齐谐记》里保留了一段有关重阳节的神话传说，"汝南桓景随费长房游学累年，长房谓曰：'九月九日，汝家中当有灾。宜急去，令家人各作绛囊，盛茱萸，以系臂，登高饮菊花酒，此祸可除。'景如言，齐家登山。夕还，见鸡犬牛羊一时暴死。长房闻之曰：'此可代也。'今世人九日登高饮酒，妇人带茱萸囊，盖始于此"。姑且不论登高避疫是否有科学依据，至少在秋色正浓的重阳之时，登高望远，一览清丽山水，确实有助于调节身心、陶冶性情。"北山白云里，隐者自怡悦。相望始登高，心随雁飞灭。愁因薄暮起，兴是清秋发。时见归村人，沙行渡头歇。天边树若荠，江畔洲如月。何当载酒来，共醉重阳节。"这首《秋登兰山寄张五》便是登高赏景踏秋，诗人沉醉其中时所作。

历代的文人墨客因身世和境遇的不同，类似的风俗习惯也各有一番滋味，文人情感体验的再现为诗文注入了不同的审美意趣。然而，林隐士风的清高吟唱也好，天涯孤旅仰天长叹也罢，多多少少都道出了重阳节特殊的文化内涵。

首先，是崇"寿"。古人一方面借重阳诗歌表达对健康和长寿的向往，另一方面推崇老年人丰富的阅历和经验积淀，进而祝祷老人福寿延年。白居易在《重阳席上赋白菊》诗中写道："满园花菊郁金黄，中有孤丛色白霜。还似今朝歌舞席，白头翁入少年场。"这是笔者发现的第一首歌咏重阳节老人的诗。有一佚名诗人曾在《与杨府山涂村众老人宴会代祝词》中高唱："重九江村午宴开，奉觞祝寿菊花醅。明年更比今年健，共把青春倒挽回。"此诗不但写出了重阳节合村老少开午宴，饮酒、赏菊之两大元素，更明确提出了为老人祝寿，希望老人"明年更比今年健，共把青春倒挽回"。"莫道桑榆晚，为霞尚满天"，老人们的知识、经验是我们社会的宝贵财富。

其次，是崇"雅"。重阳节有赏菊的风习，"菊，花之隐逸者也"，位列"四君子"，古代的文人骚客常在落叶萧萧时节怀乡赋诗或踏野访花。重阳节赏菊，是士大夫阶层和文人墨客留下的古文化遗风。《东京梦华录》曾记叙赏菊的情景，"九月重阳，都下赏菊有数种：其黄白色蕊若莲房曰万龄菊，粉红色曰桃花菊，白而檀心曰木香菊，黄色而圆者曰金铃菊，纯白而大者曰嘉容菊，无处无之。酒家皆以菊花缚成洞户。"纷繁的品种，绮丽的色彩，菊花寓意高洁的品性，赏菊、饮菊花酒则为节日增添了雅兴。

登高、赏菊、饮酒、插茱萸等风习，引发了古人的思乡之

情，吟诵出"每逢佳节倍思亲"的千古名句。唐代诗仙李白有诗曰："昨日登高罢，今朝再举觞。菊花何太苦，遭此两重阳。"此诗最早书写出重阳节的三大元素：登高，饮酒，赏菊。王维的《九月九日忆山东兄弟》："独在异乡为异客，每逢佳节倍思亲。遥知兄弟登高处，遍插茱萸少一人"则情深意切地表达出重阳节也应该是团圆节，强调了三个元素：登高，插茱萸，思念亲人。南宋严粲在《闰九》诗中写道："前月登高去，犹嫌菊未黄。秋风不相负，特地再重阳。"上月重阳登高，菊花未黄心存遗憾。闰九月九日又登高，喜见菊花盛开，赞叹天遂人意。诗作构思巧妙，引人入胜。卢照邻的《九月九日玄武山旅眺》："九月九日眺山川，归心归望积风烟。他乡共酌金花酒，万里同悲鸿雁天。"王勃的《蜀中九日》："九月九日望乡台，他席他乡送客杯。人情已厌南中苦，鸿雁那从北地来？"杨衡的《九日》："黄花紫菊傍篱落，摘菊泛酒爱芳新。不堪今日望乡意，强插茱萸随众人。"王缙的《九日作》："莫将边地比京都，八月严霜草已枯。今日登高樽酒里，不知能有菊花无。"这些都写出了漂泊他乡，异地登高饮酒赏菊时思念亲人的情怀，说明重阳节既是登高节，也是思亲的团圆节。

1989年，农历九月初九这一天被正式定为"老人节""敬老节"，人们沿着重阳节崇"寿"、崇"雅"的精神"足迹"，在尊老、爱老的具体行动中发掘这个节日崭新的生命力。

文化传递

农历甲午马年迎来了"闰九月"，在共计383天的马年中，意味着2014年迎来了两个重阳节。"闰九月"不多见，上一次出现在1832年，而下一次则将在2109年复现。来之不易的双重阳，让老人在儿女的陪伴下真实感受到"膝下承欢"，享受天伦之乐吧！重阳节的优良传统考验的既是人心的思量，也是生命的重量。

重阳的重量（节选）

潘笑天

秋叶红了。

爆棚的公交车，喘着粗气，满载去香山的游客。

登高赏秋，又见重阳。

红底金色，"重阳"二字的个头足有篮球场那般大——两周前，八大处的山坡上已铺就装饰，早早地预示着节日临近。

连番滚动，特别节目的预告片花在各大频道上演——几天前，多台大型直播节目就已撩开面纱，准备迎接我国首个"老年节"。

这个重阳，人们很看重，又让人很沉重。

红叶飘落，压在心头。重阳，究竟有多重？

它是父母身上的薄衣。"慈母手中线，游子身上衣。"而今，换做晚辈尽孝，对父母嘘寒问暖，为他们添衣加衫。"降温了，给您的父母提个醒吧。"——《人民日报》微博近日所发的温情提示，转发数量很快便突破了1万，评论中流淌着牵挂和暖意，还有些许愧疚。"经常带着爱人、子女回家，每周给父母打个电话，仔细聆听他们的往事，教他们学会上网。"——新"二十四孝"给"尽孝"作了新注脚，即便你在远方打拼，"陪陪"

父母也没那么难。老人们期待的，可能只是一声轻轻的问候和呼唤。倘若有闲暇，带父母去旅行吧，或是支持父母的业余爱好，让操劳了一辈子的至亲能慢下脚步，欣赏人生的风景，寻找精神期冀。老有所乐，才能乐在其中。

它是屋檐之下的雨露。"老吾老以及人之老，幼吾幼以及人之幼。"家家有老人，人人都会老。爱与感恩，是家庭维系亲情的纽带。对子女而言，父母的孝行润物无声。屋檐之下，言传身教、潜移默化、薪继火传、代代相承。要营造全民敬老、尊老、爱老的氛围，离不开每个小家的努力，也需要众人的倡言。不过，一些地方逢节必搞"洗脚""下跪""磕头"等，不怕兴师动众，但求场面恢宏，在争夺眼球的名利角逐中，"孝行"沦为"秀行"。值得一提的是，"孝"并非仅"顺"，不是长辈意志的权威，而是人格平等的挚爱。

它是社会广场的基石。"父子有亲"是为"五伦"之一。当然，"五伦"需要与时俱进。学者画出当代的实践路径：慈幼敬长的代际亲情、天下关怀的文化自觉、相濡以沫的夫妻恩爱、互助相长的兄弟情谊、普敬众生的社会交往。其实，今天讨论重阳，是敬重长者，是弘扬美德，更是关注人与人的伦理道德。

重阳，它是人心的思量，是生命的重量。

（选自《人民日报海外版》2012年10月23日第5版，有删节）

文化感悟

1. 内心人性，依然是一个健康社会的灵魂与血肉。一个社会要健康运转，必须有一些最基本的观念来支撑，比如"老吾老以及人之老"。你觉得把农历九月初九定为"老人节""敬老节"与此认识有无关系？为什么？

2. 重阳节登高有何现实意义和象征意义？年轻人怎么看？如果换位思考，老人又会怎么看？

3. 父母的时间都到哪儿去了？这个问题颇值得思考，多思、深思，许多情感会油然而生，你不妨细细思考一番。

第九章 守岁祈福大年夜

文化典籍

岁除夜会乐城张少府宅

唐·孟浩然

畴昔通家好，相知无间然。

续明催画烛，守岁接长筵。

旧曲梅花唱，新正柏酒传。

客行随处乐，不见度年年。

【文意疏通】

长期以来两家关系就很好，彼此相知亲密无间。

天黑之后点起描画的红烛，排起守岁的宴席，朋友列坐其次。

席间歌女唱起《梅花落》旧曲，大家畅饮新蒸的柏酒，推杯换盏，间或会有行酒令的游戏。

我现在是四处漂泊、随行处且行乐，一年一年过去了也不见。

【义理揭示】

适逢除夕之夜，孟浩然是在乐成张少府的官邸度过的，两人既是同乡，又是"通家之好"。此次孟浩然远道来访，做主人的自然热情接待。除夕之夜，张子容的官邸里灯火辉煌，画烛高烧，筵备珍馐，酒斟柏叶。他们一边品尝着新酿的柏叶酒，一边畅叙着别后离情，当时内心的快乐，是难以言喻的。席间还伴有歌女的委婉歌声，更增添了主客二人的兴会。诗中不仅写到除夕的旧俗，更是道出老友间的深厚友谊。

杜位①宅守岁

唐·杜　甫

守岁阿戎家，椒盘②已颂花。

盍簪③喧枥马④，列炬散林鸦。

四十明朝过，飞腾暮景斜。

谁能更拘束，烂醉是生涯。

注释：

①杜位：杜甫的同族兄弟，与宰相李林甫有亲。

②椒盘：据旧时风俗，元日以盘盛花椒，饮酒时放入酒中。

③盍簪：这里指宾客来得多。簪，聚集。

④枥马：关在马棚里的马。枥，马槽。

【文意疏通】

除夕来到兄弟家相聚守岁，筵席上喝着掺了花椒的岁酒。

亲友围坐一堂，马匹在马厩里发出喧杂的声响，排开的火炬惊散了林子里的乌鸦。

到了明天，我四十岁这一年就要过完了，虽然正是强壮之年，可是剩下的日子已经像垂垂的夕阳那样了。

谁还想受拘束呢？就在痛饮中度过余生吧。

【义理揭示】

这首诗作于唐玄宗天宝九年（750），杜甫三十九岁之时。在长安客居三四年，生活日渐窘迫，为了维持生计，杜甫不得不与自命风雅的富贵子弟来往。恰逢除夕，在杜位家中守岁，见官场趋炎附势之徒的丑态，自感愤懑。前四句写守岁之事，后四句写岁终有感，一气呵成，流露出抑郁不平之感慨。

除夜宿石头驿

唐·戴叔伦

旅馆谁相问？寒灯独可亲。

一年将尽夜，万里未归人。

寥落①悲前事，支离②笑此身。

愁颜与衰鬓，明日又逢春。

注释：

①寥落：寂寞、冷落。

②支离：分散、残破。这里指生活的颠沛流离。

【文意疏通】

在这寂寞的旅店中有谁来看望慰问，只有一盏冷清的孤灯与人相伴相亲。

今夜是一年中的最后一个夜晚，我还在万里之外做客飘零，未能回转家门。

回首前尘竟是一事无成，令人感到悲凉伤心，孤独的我只有苦笑与辛酸。

愁苦使我容颜变老，白发爬满双鬓，在一片叹息声中又迎来了一个新春。

【义理揭示】

这首诗是唐代五律中的名篇。全诗情意连绵，凄恻动人。古往今来，除夕之夜羁旅之人总会感伤地吟诵"一年将尽夜，万里未归人"，认为戴叔伦已代自己道出了寂寞、冷落、颠沛流离的愁绪。《唐宋诗要》中评此诗"真所谓情景交融者，其意态兀傲处不减杜公。首尾浩然，一气舒卷，亦大家魄力"。

戴叔伦（732—789），唐代诗人，字幼公（一作次公），润州金坛（今属江苏）人。其诗多表现隐逸生活和闲适情调。

除 夜 有 怀

唐·崔 涂

迢递三巴路，羁危①万里身。

192

乱山残雪夜，孤烛异乡人。

渐与骨肉远，转于僮仆亲。

那堪正漂泊，明日岁华②新。

注释：

①羁危：指流落于危险的蜀道上。

②岁华：年岁、年华。

【文意疏通】

巴郡巴东巴西，离家多么遥远，漂泊在这艰险之地难以容身。

山峦错落，大雪下到更残漏尽，孤烛一支，彻夜伴我这异乡客人。

我与骨肉亲眷，不觉渐离渐远，只有身边僮仆，跟我越来越亲。

漂泊生涯之苦，怎么经受得了？除夕一过，明日又是新年新春。

【义理揭示】

崔涂曾长期漫游于外，壮年时更是来到巴蜀之地。羁旅他乡，又逢除夕之夜，原本应该阖家团聚，此刻更添离愁别恨之感。起句点地，次句点人，开门见山、气象宏大。颔联写除夕客居异地的孤独，颈联写亲眷远离，僮仆成了至亲。尾联点出时逢除夕，更不堪漂泊。可以看出其失意的处境，以及对漂泊难安的生活的积郁。

除 夜 作

唐·高 适

旅馆寒灯独不眠，客心何事转凄然①？

故乡今夜思千里，霜鬓②明朝又一年。

注释：

①凄然：凄凉，悲伤。

②霜鬓：两鬓白如霜。

【文意疏通】

我住在客栈里，独对残灯，难以入眠。不知什么缘故，让我这个身处客乡的人心里凄凉悲伤？

在这除夕之夜，故乡的人们在思念着远在千里之外的我吧，而明天又要增加一岁，新添不少白发啊。

【义理揭示】

除夕之夜，按照传统应一家团聚，"达旦不眠，谓之守岁"。诗题《除夜作》，本应唤起作者对这个传统佳节的美好记忆，然而这首诗中的除夕夜却是另一种情景。诗人客居他乡，"独不眠""转凄然""思千里"，思乡之情油然而生。到了明天，就又增加一岁，包含了诗人年复一年老大无成的伤感。

高适（约700—765)，字达夫、仲武，渤海蓨（今河北景县）人，后迁居宋中（今河南商丘一带）。唐代著名的边塞诗人，与岑参并称"高岑"，有《高常侍集》等传世。后人把高

适、岑参、王昌龄、王之涣合称"边塞四诗人"。

卖 痴 呆 词

宋·范成大

除夕更阑①人不睡，厌禳②钝滞③迎新岁。

小儿呼叫走长街，云有痴呆召人买。

注释：

①更阑：午夜时分。

②厌禳（ráng）：向鬼神祈祷除灾降福。

③钝滞：迟钝呆滞。

【文意疏通】

除夕之夜，直到午夜时分人们还没有睡意，都在祈求神灵除灾降福，并急切地等待新年的到来。

小孩子们走上长街叫卖，说他们有"痴"和"呆"，召唤人来买。

【义理揭示】

宋时吴中民俗，除夕之时，小儿绕街呼叫卖"痴"、卖"呆"，意谓将痴呆转移给别人。据宋范成大《腊月村田乐府十首序》载，"其九《卖痴呆词》，分岁罢，小儿绕街呼叫云：'卖汝痴！卖汝呆！'世传吴人多呆，故儿辈讳之，欲贾其余，益可笑。"整首诗画面感极强，将孩子叫卖的样子栩栩如生地描绘出来。

高阳台·除夜

宋·韩　疁

频听银签①，重燃绛蜡②，年华衮衮③惊心。饯旧迎新。能消几刻光阴。老来可惯通宵饮，待不眠、还怕寒侵。掩青尊、多谢梅花，伴我微吟。

邻娃④已试春妆了，更蜂腰簇翠，燕股横金⑤。句引⑥东风，也知芳思难禁。朱颜那有年年好，逞艳游、赢取如今。恣⑦登临、残雪楼台，迟日⑧园林。

注释：

①频听银签：频频听到漏箭的滴响。签，更漏壶中的木签，上刻时辰，又称漏箭。

②绛蜡：大红蜡烛。

③衮衮：相继不绝。

④娃：古时吴楚一带称美丽的女子为"娃"。

⑤蜂腰簇翠，燕股横金：指女子头上的饰物裁剪成蜂形和燕形。

⑥句（gōu）引：引诱。

⑦恣：任凭、听任。

⑧迟日：春日。

【文意疏通】

我不断地看着时间，把红烛多次点燃，岁月流逝之快真让人心惊胆战。辞旧迎新仅一瞬间，能耗去几刻时间，可过这几

刻就算过去了一年。岁数已不饶人，不知能否经受得住整夜的狂饮，想一夜不眠，等着新春来临，又怕夜间寒气伤身。放下已空的酒杯，看那庭院中的梅花来提精神，感谢这梅花能陪伴我做诗轻吟。

邻居家的女孩已在试穿新衣，蜂样的细腰穿红戴绿，燕形的金钗横插在头发里。那俊俏模样招惹得春风也觉得妒忌，怎么也比不上她散发出来的春情浓郁。人的容貌哪能永远保持青春，不如趁美丽还在，来追求欢欣，先享受一番这眼前的大好光阴。我尽情地登高赏春，在这残雪犹存的楼台上，观赏着这春日尚未光顾的园林。

【义理揭示】

全篇是作者除夕夜守岁时的内心独白，抒情中含有哲理意味。辞旧迎新之时，孩子们穿起新装，着实天真烂漫，韩疁却沉浸在对生命的思索领悟中，时光的易逝使他感受到生命的迫切与急促，但他很快便从感伤中振作，力图把握"当下"，在有限的时光中尽情地享受大自然的赐予。词人能由节日的特征联想到人生态度、生命沉思，是这首词的深刻之处。整首词意在警示人们珍惜光阴，切勿虚度时光。词人能在有限的篇幅中表现出曲折变化的心理活动，尤其是"老来"几句，可见其极为娴熟的驾驭文字的本领。况周颐《蕙风词话》卷二评论此词："语浅情深，妙在字句之表，便觉刻意求工，是无端多费气力。"

韩疁（liú）（生卒年不详），字子耕，号萧闲。南宋词人，共存词6首。

祝英台近·除夕立春

宋·吴文英

剪红情，裁绿意①，花信上钗股。残日②东风，不放岁华去。有人添烛西窗，不眠侵晓，笑声转、新年莺语。

旧尊俎③。玉纤④曾擘⑤黄柑，柔香系幽素⑥。归梦湖边，还迷镜中路⑦。可怜千点吴霜⑧，寒消不尽，又相对、落梅如雨。

注释：

①绿意：与前面"红情"皆意为剪彩作红花绿叶，即春幡，可以戴在头上。

②残日：指除岁。

③尊俎：古代盛酒肉的器具。俎，砧板。

④玉纤：如玉般的纤手。

⑤擘（bò）：分开、剖开。

⑥幽素：幽情素心。

⑦镜中路：湖水如镜。

⑧吴霜：指白发。

【文意疏通】

剪一朵红花，载着春意。精美的花和叶，带着融融春意，插在美人头上。斜阳迟迟落暮，好像要留下最后的时刻。窗下有人添上新油，点亮守岁的灯火，人们彻夜不眠，在笑语欢声中，共迎新春佳节。

回想旧日除夕的宴席，美人白皙的纤手曾亲自把黄桔分

开。那温柔的芳香朦胧，至今仍留在我的心中。我渴望在梦境中回到湖边，那湖水如镜，使人流连忘返，我又迷了路，不知处在何处。可怜吴地白霜染发点点如星，仿佛春风也不能将寒霜消融，更何况斑斑白发对着落梅如雨雪飘零。

【义理揭示】

除夕恰逢立春，并非寻常事。整篇咏怀节日，更抒发怀人之情，扣紧"除夜立春"。上阕写了除夕守岁的眼前之景，下阕则睹物思人，伊人置办的一盘黄柑不禁勾起了诗人的思念之情，大有"人面不知何处去，桃花依旧笑春风"的滋味在其中。全词构思精巧，委婉含蓄，情景交融，给人留下怅远而又迷蒙的审美感受。

一枝春·除夕

宋·杨 缵

竹爆惊春，竞喧填①、夜起千门箫鼓。流苏②帐暖，翠鼎缓腾香雾。停杯未举。奈刚要、送年新句。应自有、歌字清圆，未夸上林莺语③。

从他岁穷日暮。纵闲愁、怎减刘郎④风度。屠苏⑤办了，迤逦⑥柳欹梅妒。宫壶⑦未晓，早骄马、绣车盈路。还又把、月夜花朝，自今细数。

注释：

①喧填：即"喧阗"，哄闹声。

②流苏：以五彩羽毛或丝线编成的穗子，常用作车马、帷帐的垂饰。

③未夸上林莺语：形容歌者的声音清脆嘹亮胜过黄莺。上林，苑名，秦旧苑，汉武帝时扩建，苑中豢养许多珍禽异兽。

④刘郎：唐代诗人刘禹锡，此处暗喻作者自己。

⑤屠苏：酒名，古人常于农历正月初一饮屠苏，以祛瘟疫。

⑥迤逦：曲折连绵。

⑦宫壶：宫中报时的铜壶。

【文意疏通】

爆竹声惊醒了春天，街头巷尾喧闹声一片，千门箫鼓敲击声响彻夜晚。五彩流苏在暖帐上坠悬，炉鼎中升腾起缕缕香烟。先把酒杯放在一边，我要献上新的诗句恭贺新年。心中要思索出清新圆润的歌词，虽说不如上林苑的莺歌燕语甜美。

眼下已是年尽日暮，我即使是随意地抒发心中愁苦，也不能缺少当年刘郎豪放的风度。屠苏酒我早已备足，眼看春天将来，马上就要杨柳气盛、腊梅嫉妒。时间未到，清晨还未在滴漏上露出，可街上已是人马络绎不绝，绣车充盈道路。我要把这夜晚的明月、拂晓的花树，从头到尾一点一滴细细地记住。

【义理揭示】

周密《武林旧事》有云："守岁之词虽多，极难其选，独杨守斋《一枝春》最为近世所称。"此词之所以受人称道，主要在于词人将节日中人们辞旧岁迎新年的热闹情景和欢乐气氛形象地描绘了出来。春天就要到来，必要饮酒迎春，在这寄寓着美好新生的时刻，诗人不禁想一一细数往年的好事，期待来年风

调雨顺。诗中以客观描写居多，却处处饱含着诗人的主观感情，把除夕这个节日的特点以及人们在这一天的独特感受表现得淋漓尽致。

杨瓒（？—1267），字继翁，号守斋，又号紫霞翁，严陵人，居钱塘。

玲珑四犯·越中①岁暮，闻箫鼓感怀

宋·姜　夔

叠鼓②夜寒，垂灯春浅③，匆匆时事如许。倦游④欢意少，俯仰⑤悲今古。江淹⑥又吟恨赋，记当时，送君南浦⑦。万里乾坤，百年身世，唯有此情苦。

扬州柳垂官路，有轻盈换马⑧，端正窥户⑨。酒醒明月下，梦逐潮声去。文章信美如何用，漫赢得，天涯羁旅⑩。教说与春来要，寻花伴侣。

注释：

①越中：当指浙江绍兴。越为古越国，绍兴是越国地盘。

②叠鼓：叠为重复，接连不断地击鼓。

③春浅：春意不深不浓烈。

④倦游：羁旅累了、疲倦了，无再游的兴趣。

⑤俯仰：左右、前后、上下、纵横。《易经·系辞上》载"仰以观于天文，俯以察于地理"。

⑥江淹：南北朝代南朝梁国的大文学家，作有《恨赋》《别赋》等著名作品，成语"江郎才尽"或"才因老尽"均指此人。

⑦南浦：江淹在《别赋》中有句名言"送君南浦，伤如之何"。现泛
　　指送别的地方。

⑧换马：据《异闻实录》记录，鲍生多养歌女，韦生好乘骏马。一日
　　两人相遇，对饮美酒，酒劲发作，商定互换爱好，即以歌女换骏
　　马。此处指代无聊生活。

⑨窥户：偷看人家门户。

⑩羁旅：指在外乡飘零。

【文意疏通】

日月如梭，时流似箭，已是岁暮，绍兴城中接连不断地响
起锣鼓声，家家户户挂起大红灯笼，欢庆丰收，欢度春节。这
时夜里仍然寒冷，春意不浓烈，我已疲倦，羁旅中难有欢快
时，纵观古今，很是伤感、痛切。悲凉的愁绪积于心中如何发
泄，要似江淹那样吟恨赋，倾吐凄凉心声。乾坤只不过万里，
人生也只有百年，此情最苦，我真不想再飘零。

扬州曾是那么幽雅繁华的地方，也发生过以歌女换骏马，
漂亮姑娘偷窥他人门户那样无聊的故事，都像醉酒醒于明月下
一样，犹如梦幻随人间世事后浪推前浪般潮水一样消逝。我也
曾写过《扬州慢》《暗香》《疏影》《齐天乐》等那些优美的词和
文章，那又有什么用？到头来，还不是飘零天涯，四海为家。
依我说，待到春天来了，倒不如像林逋一样以花为伴侣，打发
下半生。

【义理揭示】

这首词作于宋光宗绍熙四年（1193），作者客居越中，写下

了这首岁暮感怀词。越中，今浙江绍兴市，春秋时期越国的都城。一说其地岁末除夕有箫鼓迎春的习俗。词人常年过着羁旅生涯，时值岁暮仍未返家，不免产生寂寞之感。"万里乾坤，百年身世，唯有此情苦。"叠鼓寒夜不禁感慨世事匆匆。姜词承周邦彦之词风，讲究词法，字雕句琢，推敲声韵，在南宋后期形成了一个以格律为主的宗派，姜词向来为格律派正宗。在格律派饱受疾愤无力、终归闲逸的诟病时，这首词中尚有一丝积极于世的热情。

文化倾听

　　除夕，俗称大年夜、除夜、岁除，民间一般把农历的十二月三十晚上称作"大年夜"，前一天则叫作"小年夜"。如恰巧遇到十二月是小月，则除夕即为腊月二十九。

　　"除"的本义是"去"，"除夕"是旧岁将过，另换新岁的前夕。"一夜连双岁，五更分二年"，除夕意味着新旧交替，是一座含有生命流逝之意的时间界碑，更容易使人们引发对时间流逝的无限感慨。杜甫的《在杜位宅守岁》中，"守岁阿戎家，椒盘已颂花。盍簪喧枥马，烈炬散林鸦。四十明朝过，飞腾暮景斜。谁能更拘束，烂醉是生涯"写的是他在别人家中守岁，虽场面热闹，但觉得没有乐趣，上门道贺的宾客点头哈腰，着实令其生厌，却偏偏得凑这份热闹。"四十明朝过"，强烈的生命意识让杜工部好不惆怅。此诗流溢着对于流光易逝的伤感和对于生命短暂的困惑，在历代诗词里并不罕见，又如在岐下任职的苏轼于除夕作《馈岁》《别岁》《守岁》三诗，"勿嗟旧岁别，行与新岁辞。去去勿回顾，还君老与衰。东邻酒初熟，西舍彘已肥。且为一日欢，慰此穷年悲。"故人远行尚且依依惜别、迟迟难行，人生与旧岁告别却如此匆忙。时间不停向前，不像远行之人还可归来，"逝者如斯夫，不舍昼夜"，可悲哀的是，短暂嗟叹的同时，时间也还是在流逝，悲叹过去就意味着下一刻叹息的就是现在。再看李世民的《守岁》，"岁阴穷暮纪，献节启新芳。各尽今宵促，年开明日长。冰消出镜永，梅散入风香。对此欢终宴，倾壶待曙光"。与前二者不同，李世民将时间流逝归结为自然的规律，无法逆转，人们应从容应对时间的流逝，在除夕守岁时好好度过这一段特殊的时光。可见，诗词的意绪主要来源于诗人或词人的现实处境和心境，除夕佳节的特殊性恰好又触发了他们的情绪。

在民间，除夕之夜无需讲究排场，家家户户都喜气融融，寓喧闹戏谑于质朴之中。除夕诗词反映的场景和社会心理与传统节庆习俗有着密切的联系。照习俗过除夕，怕是一天从早到晚都忙不停。早起拜天公，备好鲜花、素果祭拜玉皇大帝，感谢过去一年里的庇佑，祈求来年风调雨顺，平安如意。午后各家忙着进行祭祀祖先的仪式，也叫"辞岁"。祭祀祖先的菜肴根据各地习俗不尽相同，有以年糕为供品，象征"年年高"，或在饭上插春花，象征着"富裕"等等，都隐含吉祥的寓意。对古人来说，除夕祭祖是民间大祭，有宗祠的要开宗祠。祭祀前的门联、门神、桃符均已焕然一新，并要点大红色蜡烛，求祖先在新的一年保佑子孙幸福安康。

祭祀神灵之后，一家大小围坐一桌吃年夜饭，俗称"围炉"。除夕的这顿晚饭是全家团圆，一同享用的。上台的菜肴不论多少，不论丰俭，都必须有一盘鱼，取"年年有余"之意。

围炉之后，长辈当面分压岁钱给小辈，或者把一些钱用红纸包好压在孩子枕下，当作春节里的零花。之后，一家人围坐炉边，欢谈达旦，彻夜不眠，称作守岁。这可以从《风土记》得到验证：人们在除夕夜"达旦不眠，谓之守岁"。民间认为守岁具有为父母祈寿的效用，替父母守住长寿，祈求合家平安，是孝道的表现。守岁到午夜十二时后，会放爆竹迎接新年的到来。杜审言的《除夜有怀》、李商隐的《隋宫守岁》、范成大的《卖痴呆词》都在不同程度上反映了除夕的各式习俗。

　　除夕之夜无法与家人团聚是极大的憾事，思念切切，只好化作诗词里的一腔哀婉。边塞诗人高适的《除夜作》将深深的思念之情抒发得婉曲含蓄，"旅馆寒灯独不眠，客心何事转凄然？故乡今夜思千里，霜鬓明朝又一年"。孤灯独守，自问自答，恐怕只有身在其境才会有如此体验。"故乡今夜思千里"，这是一语双关，故乡的亲人今晚一定在思念千里之外的"我"，"我"在千里之外的今夜格外思念故乡的亲人。若是耽于旅舍，心绪更为复杂。历代诗词里反映思归不得，一家人终难团聚的作品也不少。戴幼公的《除夕宿石头驿》里诗人自问自答实际上是自怜自嘲，将万里未归人的寥落、凄凉抒发得淋漓尽致。经历了宦海浮沉，年年都要以衰鬓愁颜迎来又一个春天，"笑"的背后怎一个"愁"字了得。

　　除旧布新、阖家团圆的主调，以及穿梭其间的各种"变奏"共同书写了历代除夕诗词的华章。

文化传递

《北平年谣》唱道：三十日，黑夜坐一宿；大年初一，出来扭一扭。实际上，从腊月二十四到除夕的这段时间，也就是人们常说的"扫尘日"或"迎春日"，大家都笼罩在辞旧迎新的氛围中。

长久以来，家庭始终是作为社会发展的基本细胞，担负着培育美德、传递文化的重要使命。《忆父亲老舍过年》一文，是老舍之女舒立回忆父亲健在时陪家人过年的情景的作品。老一辈的知识分子家庭过年，总散发着浓浓的年味。对他们来说，中华传统节日的象征意义大于现实意义，文化价值重于经济价值，精神的富有远比物质的富有来得重要。

忆父亲老舍过年

舒 立

我的父亲老舍先生有着近九年漫长的海外生活经历，尽管老爸吃洋饭的年头不算短，但他是个地道的中国人，有一颗中国心；他是个地道的北京人，出身于赤贫的劳动人民家庭，以上这些因素决定了老爸对那些优良的中国传统习俗有浓厚的感情和兴致。我儿时家里过年的热闹情景就是对此最好的诠释。

俗语讲"二十五扫房土"，我家的房土扫了可不止一天，扫了足有三四天，把全家人累得够呛。20世纪50年代哪儿有吸尘器呀，数九隆冬的，把所有的家具通通搬到院子里，房间腾空后才能"扫房土"。这其中搬书柜是最艰巨的活，书柜太重搬不动，得把书全部取下才搬得动，既麻烦又劳累，还冻人。折腾

书柜一向是老爸任主角。老爸一边亲手把书一摞摞取下递给我们，一边大声叮嘱着："挨班儿放在西屋窗根下，从南往北放，千万别弄错了。"掸书上的尘土这种细活从来由老爸自己动手。老爸一向嗜书如命，一旦用时找不到，非跟我们玩儿命不可。所以我们每个人都乖乖地听从指挥，指哪儿搁哪儿，丝毫不敢含糊。

腾空屋子后才正式进入扫房土阶段，扫房土历来都是由妈妈完成。只见妈妈把自己严严实实包裹起来，只露出眼睛，舞动着绑着长棍的大笤帚把房间扫个遍，等尘埃落定后才能进行后边的工作。

擦玻璃是老爸最拿手的工作，多半是为了调动我们干活的积极性，他总是跟我们叫板，比赛谁擦得最干净，有一年为此还闹出一场笑话：那年正值哥哥舒乙新婚燕尔，他们为了上班方便，两口子住在西郊而没住家里，周日二人回家恰赶上"扫房土"，于是二人跟着忙活了一整天。晚上临离家时，嫂子发现自己新的白头巾不见了，于是大家齐动手，天翻地覆地翻找。真活见鬼了，就是找不着，正在大家一筹莫展之际，见老爸若有所思地发问："是块方的吗？"嫂子答："是的。"只见老爸迅速从桌子下掏出一块黑抹布，抖搂开一看，正是那块"失踪"了的头巾，弄得大家啼笑皆非。原来老爸为了和我们比赛，特地找了这块特别干净的白抹布——嫂子新的白头巾。

扫完了房土，后面的重头戏该是做年菜了。妈妈算是最累最忙的了。她最拿手的菜是"芥末墩"，这种白菜吃到嘴里又脆、又甜、又酸、又辣，别提多爽了！因过年吃荤菜多，所以这种爽口的白菜最受欢迎。妈妈做的"芥末墩"虽称不上四九城闻名，也算小有名气，还被友人写成文章呢。爸爸在客人面前总是含着得意的微笑推荐："您尝尝!"每年的年菜里必得有一种满族菜："豆酱",它是一种把肉皮、青豆、胡萝卜丁、豆腐干丁、肉丁等放在一起长时间熬制后冷却而成。"芥末墩""豆酱"每年都分别做一大盆,现吃现盛,能吃上好几天。

孩提时我特盼着过年,除了有好吃的以外,还有许多好玩的,这些都深深吸引着我。平时总是忙碌的父母亲在过年的短暂几天才得以休息,一年之中只有这几天才有机会全家在一起玩耍,多么难得!

玩耍的项目有放鞭炮。我家从来没放过震耳欲聋吓人的"二踢脚",最响的鞭炮要算成挂的"小鞭儿"了,但这种响鞭仅占一成,其余全是各样的花炮。每个除夕夜必定由妈妈点燃一种大泥坨的花炮。它很大,足有15厘米高,底部直径足有10厘米,外形呈钟样,此花点燃后,花滋得很高且长久,可惜已多年见不到了。记得儿时还有一种叫"耗子屎"的花炮,点燃后尽往人脚下乱窜,我们尖叫着、跳着、跑着,别提多快活了。还有猜谜语。老爸总在年前好多天便躲在自己的小屋里编谜语,然后用毛笔工整地抄在小纸条上,过年时才挂出来。他总是兴趣盎然地站在旁边看着大家猜。我至今仍记得"今天"(打一国名)的谜底是日本,"盼冬天"(打一国名)的谜底是希腊。还有用我们名字做谜底的谜语,猜中者有些糖果之类的小奖品。另外是玩游戏。爸爸最爱和我们比赛套圈,这是他的拿手好戏。他用粉笔在地上画一道线,离两米远处放上套圈用的小木桩子,每个人轮流扔5个圈。我们扔时,他站在一边全神贯注地查数。等轮到他时,他摩拳擦掌地说:"瞧我的,准赢你们。"只见他弯着腰,把比我们高出不少的身体尽量向前探,把比我们长出许多的胳臂尽量向前伸,嘴里还念念有词:"你们好

好看看啊，一、二、三、扔！"圈从他手中平着抛出，"中了"。每当套中一个，他都高兴得不得了，"怎么样，名不虚传吧！"每次比赛，差不多总是他赢，乐得嘴都快合不拢了。打扑克也是必玩的一种游戏，爸爸只会玩"捉娘娘"，这是一种带"进贡"的扑克游戏。有一次，爸爸、妈妈、姐姐和我一起玩，一连几次我都输了，当了"娘娘"，就得向"皇上进贡"，就得把抓到的最好的牌送给"皇上"。开始几次输了我还不在乎，可是老输老输，看到别人当了"皇上"得到贡品后的得意样，我就有点儿……眼泪开始在眼眶里打转，爸爸看出我神色有点不对，就急忙向别人挤咕眼、使眼色，意思是叫别人让着我一点，然后回到他屋里拿出他爱吃的金丝蜜枣给我，说："输了有奖！输了有奖！"我接过蜜枣不好意思地笑了。

今天，各种先进的科学技术渗透到人类生活的方方面面，现代文明极大地提升了人类的生活质量。过年的模式也与时俱进，和儿时相比，真是天壤之别，可我判断不清两者的优劣。反正每当回忆起儿时过年的情景，心中总会泛起一种温馨愉悦的感觉……

（本文原载于《人民日报》2006年1月28日第八版。作者舒立，著名文学家老舍之女）

文化感悟

1. 以往过年时，大家都爱贴春联、年画。根据不同的场合，或是物件不同的功能，选择的春联内容也各不相同，请为以下春联找到最合适的张贴位置。

满、五谷丰收	厨房
招财进宝、大家恭喜	猪圈、鸡舍
山珍海味	商店
六畜兴旺	米缸
日日见财、财源广进	门

2. 访谈一位你最尊敬的长辈，问问他〔她〕儿时过年的趣事，试着将口述的年节文化撰写成文。

3. "小孩儿小孩儿你别馋，过了腊八就是年；腊八粥，喝几天，哩哩啦啦二十三；二十三，糖瓜粘；二十四，扫房子；二十五，冻豆腐；二十六，去买肉；二十七，宰公鸡；二十八，把面发；二十九，蒸馒头；三十晚上熬一宿；初一、初二满街走。"从童谣中选取一个你最感兴趣的习俗，了解它的起源、内容及象征意义。

第十章 万象生息话节气

文化典籍

汉宫春·立春日

宋·辛弃疾

春已归来，看美人头上，袅袅春幡①。无端风雨，未肯收尽余寒。年时②燕子，料今宵梦到西园。浑未辨，黄柑荐酒，更传青韭堆盘③。

却笑东风，从此便薰梅染柳④，更没些闲。闲时又来镜里，转变朱颜。清愁不断，问何人会解连环⑤？生怕见花开花落，朝来塞雁先还。

注释：

①春幡：古代立春那天插戴的彩胜，以示迎春。

②年时：当年，那时。

③堆盘：古时立春日做五辛盘，用黄柑酿酒，称作洞庭春色。

④薰梅染柳：东风以暖意催开梅花，染绿柳叶。

⑤解连环：指战国时秦昭王遣使赠送玉连环给齐国，齐国上下竟无一人能解，齐王引椎敲打，解开了连环。这里暗指南宋小朝廷无人敢以强硬态度对付金人。

【文意疏通】

从美人头发上的袅袅春幡，看到春已归来。虽已春归，但仍时有风雨送寒，似冬日余寒犹在。燕子尚未北归，料想今夜当梦回西园。已愁绪满怀，无心置办应节之物。

东风自立春起，忙于装饰人间花柳，闲来又到镜里，偷换人的青春容颜。清愁绵绵如连环不断，无人可解。怕见花开花落，转眼春逝，而朝来塞雁却比我先回到北方。

【义理揭示】

立春意味着春季的开始。在古代，立春不仅是一个节气，也是一个天子携诸侯迎春的节日。《事物记原》上记载："周公始制立春土牛，盖出土牛以示农耕早晚。"鞭春之礼意在对一年农耕的美好祝愿，后世逐渐演变为民间的"打春牛"习俗。年长者在立春之日象征性地拍打泥塑的"春牛"，预示这一年的农事开始。此外，立春还有插戴彩胜，以示迎春的风俗。这些习俗象征着人们对于"春已归来"的愉悦感受，也是立春诗词中重要的素材。

辛弃疾的这首词是借景抒怀的佳作。上阕以简练的笔法勾勒出立春的景象，下阕则交代南宋偏安一隅、不思重整河山的境况，至此诗人唯有化用"解连环"的典故来表明自己的愁苦、悲痛之情。俞陛云在《唐五代两宋词选释》中对此评论

道："上阕铺叙'立春'而已。转头处向东风调笑，已属妙语。更云人盼春来，我愁春至，因其暗换韶光，老却多少朱颜翠鬓，语尤隽妙。然则岁岁之花开花落，春固徒忙，人亦徒增惆怅耳。"

满江红·田家四时苦乐歌（其一）

清·郑 燮

细雨轻雷，惊蛰①后和风动土。正父老催人早作，东畬南圃②。夜月荷锄村犬吠，晨星叱犊山沉雾。到五更惊起是荒鸡③，田家苦。

疏篱外，桃花灼④；池塘上，杨丝弱。渐茅檐日暖，小姑⑤衣薄。春韭满园随意剪，腊醅⑥半瓮邀人酌。喜白头人醉白头扶，田家乐。

注释：

①惊蛰：农历二十四节气之一，此时气温上升，土地解冻，春雷始鸣，蛰伏过冬的动物惊起活动。

②东畬（yú）南圃：泛指田园。畬，开垦过两年的田。圃，菜田。

③荒鸡：夜间不按时啼叫的公鸡。

④灼：鲜明的样子。

⑤小姑：泛称未出嫁的少女。

⑥腊醅（pēi）：腊月里酿制的酒。醅，未经过滤的酒。

【文意疏通】

细雨蒙蒙，雷声清远，惊蛰后春风和煦，蛰伏的动物渐渐苏醒，泥土有些松动。村里的老农提醒人们趁早开始耕作。农民起早摸黑，披星戴月，十分辛苦。

稀疏的篱笆外，桃花盛开；池塘上方，杨树飞絮。天气逐渐变暖，少女渐渐减少了衣衫。春天里韭菜满园随意摘，半瓮腊月里酿制的酒邀人来喝。

【义理揭示】

春雷响、万物长。惊蛰的到来意味着入冬蛰伏在土中的昆虫被春雷惊醒，重回地面。对农民来说，"雨众卉新，一雷惊蛰始。田家几日闲，耕种从此起"，这个节气过后，农活就变得十分繁忙了。

这首词是郑燮《田家四时苦乐歌》中的一首，与另外三首一起描写了四季不同的田园风光、农人的苦与乐。作为其中的第一首，它写的是节气进入惊蛰后的田家风貌，情景逼真，咏叹了农家苦中有乐的情景。

郑燮（1693—1765），字克柔，号板桥，清代书画家、文学家。汉族，江苏兴化人。其诗、书、画均旷世独立，世称"三绝"，诗风清新脱俗，著有《板桥全集》。

踏　莎　行

宋·欧阳修

候馆①梅残，溪桥柳细。草薰②风暖摇征③辔④。离愁渐远渐

无穷，迢迢⑤不断如春水。

寸寸柔肠，盈盈粉泪。楼高莫近危阑⑥倚。平芜⑦尽处是春山，行人更在春山外。

注释：

①候馆：此指旅舍。

②薰：香气。

③征：远行。

④辔：马缰，这里指代马。

⑤迢迢：形容路远且长。

⑥危阑：高楼的栏杆。

⑦平芜：平坦的草地。

【文意疏通】

春暖了，旅舍的寒梅日渐凋谢，只剩细细碎碎几片残瓣儿；溪桥边的柳树却萌出了浅绿嫩芽。暖暖的春风在大地上拂过，风中带了花草芳香，远行的人，也都在这时动身了。在这美好的春光里，我也送走了你。你渐行渐远，我的愁绪也渐生渐多，就像眼前的一江春水，不知源头在哪里，也不知道流向何处。

我便只能上楼远望你的去向，盼望你能早些回来。然而，映入眼帘的，只是绵绵无绝的春草原野，原野尽处是隐隐青山。而爱慕的你，更在遥远的青山之外。

【义理揭示】

春分改变了一段时间以来的昼短夜长的情况，日夜的时间相同，此后白天的时间逐渐增加。"春分有雨病人稀"，说的是如果春分这天下雨，天气很正常，少病疫。古人在这天有竖蛋、春祭的习俗。

欧阳修的这首词是写离情的佳作。先是将草薰风暖的"春分天气"描绘得有声有色，后又应景生情，联想到心上人，不禁顿生忆念。整首词意境缠绵，清丽婉约。唐圭璋在《唐宋词简释》中评价这首词时称"上片写行人忆家，下片写闺人忆外。起三句，写郊景如画，于梅残柳细、草薰风暖之时，信马徐行，一何自在。'离愁'两句，因见春水之不断，遂忆及离愁之无穷。下片言闺人之怅望。'楼高'一句唤起，'平芜'两句拍合。平芜已远，春山则更远矣，而行人又在春山之外，则人去之远，不能自睹，惟存想象而已。写来极柔极厚"。

插　秧　歌

宋·杨万里

田夫抛秧①田妇接，小儿拔秧大儿插②。

笠是兜鍪③蓑④是甲⑤，雨从头上湿到胛⑥。

唤渠朝餐⑦歇半霎⑧，低头折腰只不答：

"秧根未牢莳⑨未匝⑩，照管鹅儿与雏鸭。"

注释：

①抛秧：插秧前，将秧苗从秧畦拔出，捆成小捆，扔进稻田，叫作

抛秧。

②插：将秧苗栽插于水田中。

③兜鍪（móu）：古代打仗时戴的盔。

④蓑：即蓑衣，用草或棕制成，披在身上的防雨用具。

⑤甲：用金属或皮革制成的护身装备。

⑥胛：肩胛骨。这里指肩膀。

⑦朝餐：吃早饭。

⑧半霎：很短的时间。

⑨莳：移栽植物。这里指插秧。

⑩未匝：指这块田里还没有栽插完毕。匝，满。

【文意疏通】

农夫抛秧农妇接，弟弟拔秧哥哥插。头戴斗笠身披蓑衣，从头上到肩膀都被雨水打湿。呼唤干农活的人们该吃早餐了、歇一小会儿吧，对方低头弯腰不应答。"瞧这稻苗还未栽稳，这块田里的秧还没有全插完，赶紧回去照看鹅和小鸭。"

【义理揭示】

"小满天赶天，芒种刻赶刻"，芒种之时也是农忙之时，带芒的小麦可以收割，晚稻又要插秧，其他蔬果也需抓紧种植，这一天，民间有煮梅、安苗、送花神的习俗。林清玄曾说："芒种，是多么美的名字，稻子的背负是芒种，麦穗的承担是芒种，高粱的波浪是芒种，天人菊在野风中盛放是芒种……有时候感觉到那一丝丝落下的阳光，也是芒种……"可见，无论是农民的田间劳作还是作物的自然生长，节气"芒种"尽显生机。

这首诗没有写开镰收获小麦的农事活动，却以雨中插秧为题材，开篇便是精细分工、有条不紊的抢插之景，将男女老少热火朝天的劳作描绘得淋漓尽致。之后进一步点明天气状况，虽然春雨细密，洋洋洒洒，但插秧人丝毫不顾被雨水打湿的肩膀，就连有人喊他们吃饭也不管不顾了。可见对于庄稼人来说，在这个节气插秧是分秒必争的。一幅描绘农忙时节的风俗画跃然纸上。末句仿田中人对送饭者的回答，意趣盎然。

杨万里（1127—1206），字廷秀，号诚斋，吉州吉水（今江西）人。南宋著名爱国诗人、文学家，与陆游、尤袤、范成大并称"南宋四大家"。代表作有《初入淮河四绝句》《晓出净慈寺送林子方》等。

夏至避暑北池

唐·韦应物

昼晷①已云极，宵漏②自此长。未及施政教，所忧变炎凉。

公门日多暇，是月农稍忙。高居念田里，苦热安可当。

亭午③息群物，独游爱方塘。门闭阴寂寂，城高树苍苍。

绿筠④尚含粉，圆荷始散芳。于焉洒烦抱，可以对华觞⑤。

注释：

①晷（guǐ）：观测日影确定时间的工具，这里指日影。

②漏：漏壶，古代一种计时的装置。

③亭午：正午，中午。

④筠（yún）：竹子的青皮，这里指竹子。

⑤华觞（shāng）：华丽的酒杯。

【文意疏通】

　　夏至这天白天的时间最长，自此以后，黑夜的时间逐渐增加。还没来得及实施自己的计划，就已经忧虑气候的变化、冷暖的交替了。

　　公廨每天空闲的时候居多，而这个月的农事却是比较忙的。老百姓在地里耕作，酷热难当。

　　正午时分生物都在歇息，唯独我自己在池塘里游来游去好不惬意。城墙高耸，城门紧闭，树木葱翠，绿荫静寂。

　　翠绿的鲜竹尚且含粉，池塘里的荷花已经开始散发阵阵的清香了。在这里可以抛却烦恼忘掉忧愁，终日对影举着华丽的酒杯畅饮。

【义理揭示】

　　夏至日北半球受到阳光直射，一年里白天最长，黑夜最短。"夏至日雨，一滴千金"，人们期盼这一天能有降水。人们经长期总结后发现过了芒种不栽棉、过了夏至不栽田的规律，之后会进入短暂的农闲。在江淮地区，这段时间恰逢梅子成熟的季节，空气潮湿、闷热，阴雨连绵，人们将这段时间称为"梅雨"季节。这段时间有避伏、消夏的风俗。

　　韦应物的这首诗恰巧选取避暑的视角，体现了诗人闲居避伏时的遐思。虽然忙于农事的人们才刚有闲暇，但勤劳的他们实际上是闲不住的，开始栽种红薯等作物，而诗人虽在消夏，却不忘念及炎炎烈日下的农民。

韦应物（约737—约792），京兆万年（今陕西西安）人，唐代诗人。代表作品《韦应物集》《观田家》等。

舟 中 立 秋

清·施闰章

垂老畏闻秋，年光逐水流。

阴云沉岸草，急雨乱滩舟。

时事诗书拙，军储临海①愁。

洊饥②今有岁，倚棹③望西畴④。

注释：

①军储临海：临海府储存了大量的军粮，反映了时局动荡。

②洊（jiàn）饥：指百姓遇到了连年的饥荒。洊，古同"荐"，再，屡次，接连。

③棹：代指船。

④西畴：西面的田畴，泛指田地。

【文意疏通】

人近老年，听闻立秋了不免悚然，时光像流水一样过得飞快。

阴沉的天、岸边青草瑟瑟扑倒，大雨肆意打落在滩头，小舟摇摇荡荡。

现在的诗书质量拙劣，时局动荡让人烦愁。

百姓遇到了连年饥荒，今年也是如此，我只能倚靠着船而

望着田地。

【义理揭示】

古人将立秋当作秋季的开始，飒飒秋风扫过大地，一天寒似一天，诗人的悲秋之情不免流露出来。前两句先写年华易逝的感伤，后又描写眼前所见的景象，紧扣诗题。后两句更加跌宕起伏，诗人虽然担忧时局动荡、百姓连年遭受饥荒之苦，最后也只能扶着船空望田地。全诗借景抒情，思想情感跌宕起伏，忧民的情绪得以表露。施闰章的诗中有许多反映民生疾苦的作品，除这首外还有《漆树叹》《泊樵舍》《浮萍兔丝篇》《上留田行》。

施闰章（1618—1683），字尚白，一字屺云，号愚山，后人也称施侍读，在清初文学史上享有盛名，位列"清初六家"，代表作品《蠖斋诗话》，著有《学馀堂文集》《试院冰渊》等。

月夜忆舍弟①

唐·杜 甫

戍鼓②断人行，秋边③一雁声。
露从今夜白，月是故乡明。
有弟皆分散，无家问死生。
寄书长不达，况乃未休兵④。

注释：

①舍弟：对人称自己的弟弟为"舍弟"。

②戍鼓：戍楼上的更鼓。戍，驻防。

③秋边：秋天的边塞，亦作"边秋"。

④未休兵：战争还没有结束。

【文意疏通】

戍楼上的更鼓声隔断了人们的来往，边塞的秋天里，一只孤雁正在鸣叫。从今夜起就进入了白露节气，月亮还是故乡的最明亮。有兄弟却都分散了，没有家无法探问生死。寄往洛阳城的家书常常不能送到，何况战乱频繁没有停止。

【义理揭示】

处暑过后，夜间的温度降低，早起后会发现植物上附着晶莹的露珠。在清露盈盈之时，边塞秋景格外沉寂，一轮明月当空，引起思亲之情。杜甫的炼句功力此时得以显现，今夜露白、故乡月明，略微在词序上作了调整，意韵就不一般。有人评价杜甫"善于用事及常语，多离析或倒句，则语健而体峻，意亦深稳"，颔联确实有此张力。后四句写兄弟失散、无家可归的情状，同时感叹战乱不止、家书难抵的现实处境，感情深沉。

月夜梧桐叶上见寒露

唐·戴　察

萧疏桐叶上，月白露初团。

滴沥清光满，荧煌素彩寒。

风摇愁玉坠，枝动惜珠干。

气冷疑秋晚，声微觉夜阑^①。
凝空流欲遍，润物净宜看。
莫厌窥临倦，将晞^②聚更难。

注释：

　①夜阑：夜深。

　②晞：破晓。

【文意疏通】

　　萧瑟稀疏的梧桐叶上，初升的满月月光打在上面。叶子上的水滴晶莹剔透，闪亮的光线装扮了这朴素的寒夜。被秋风摇动的树叶像摇摇欲坠的白玉令人惆怅，枝干上微微挂着露珠。这寒冷的天气让人怀疑是不是已入晚秋，细小的声音都能在这夜里被人察觉。月光流遍空气中，被露水湿润的东西都能很容易被看见。不厌烦地看着外面的景色可以让我抛开疲倦，将这美好的景色都聚在一起更是难能可贵的。

【义理揭示】

　　寒露时气温愈发降低，露水增多。古时人们把寒露分成"三候"，"一候鸿雁来宾"，大雁南迁的时光；"二候雀入大水为蛤"，海边出现蛤蜊，雀鸟隐去；"三候菊有黄华"，菊花盛开。虽然天气逐渐变冷，却仍是秋高气爽的好时节。

　　在戴察的这首诗里，梧桐树叶上的晶莹露珠泛着取自秋夜满月的光芒，虽未直接描写天高气爽、深夜寂静的环境，却在字字句句中流露出来。从中不难领略诗人久坐赏景，兴尽而归的情状。

戴察（生卒年不详），唐朝诗人。字彦衷，苏州人。

德宗贞元初屡获乡荐，以家贫未赴举。《全唐诗》录存其诗一首。

扬　州　慢

宋·姜　夔

淳熙丙申至日①，予过维扬②。夜雪初霁③，荠麦弥望④。入其城则四顾萧条，寒水自碧，暮色渐起，戍角⑤悲吟；余怀怆然，感慨今昔，因自度此曲。千岩老人⑥以为有黍离之悲⑦也。

淮左⑧名都，竹西⑨佳处，解鞍少驻初程。过春风十里⑩，尽荠麦青青。自胡马窥江⑪去后，废池乔木，犹厌言兵。渐黄昏、清角吹寒，都在空城。

杜郎⑫俊赏⑬，算而今、重到须惊。纵豆蔻词工，青楼梦⑭好，难赋深情。二十四桥⑮仍在，波心荡、冷月无声。念桥边红药⑯，年年知为谁生。

注释：

①淳熙丙申至日：宋孝宗淳熙三年（1176）冬至日。

②维扬：今江苏省扬州市。

③霁：雨雪初停，天放晴的样子。

④荠麦弥望：满眼望去都是野生的麦子。

⑤戍角：驻军的号角。

⑥千岩老人：萧德藻，自号千岩老人。

⑦泰离之悲：《泰离》为《诗经·王风》篇名。写的是周平王东迁后，西周的宗庙宫殿遭受毁坏，原来的地方变成了长满小米高粱的田野。后人引此篇目表达亡国之痛和对故国的怀念。

⑧淮左：宋代在苏北和江淮设淮南东路和淮南西路，淮南东路又称淮左。

⑨竹西：亭名，在扬州城东禅智寺附近。

⑩春风十里：借指昔日扬州最繁华的街道。

⑪胡马窥江：金兵两次南下侵江，扬州惨遭破坏。

⑫杜郎：指唐朝诗人杜牧。

⑬俊赏：欣赏。俊，高雅。

⑭青楼梦：出自杜牧《遣怀》，"十年一觉扬州梦，赢得青楼薄幸名"。

⑮二十四桥：桥名，在扬州西郊，传说有二十四美人于此吹箫。

⑯桥边红药：二十四桥又名红药桥，桥边多红芍药花。

【文意疏通】

宋孝宗淳熙三年（1176）冬至日，我途经扬州。下了一夜的雨雪，天空终于放晴，满眼望去都是野生的麦子。到了扬州城内景象一片萧条，寒冷的水悄悄地漾着微波，夜晚就要降临，驻军的号角声听着似是悲鸣。我不免心生悲怆之感，感叹今时往日，自己谱写了《扬州慢》这首曲调。萧德藻认为这首曲有《泰离》感怀亡国之痛、思念故国的情感。

扬州是淮河东边著名的大都，在竹西亭美好的住处，解下马鞍稍微停留，这是最初的路程。经过春风吹遍了扬州十里，都是一派青青荠麦。自从金兵进犯长江回去以后，荒废了池苑，伐去了乔木，至今还讨厌说起旧日用兵。天气渐渐进入黄昏，凄凉的画角吹起了冷寒，这都是发生在劫后的扬州城。

杜牧对扬州甚为赏识，如果他重来此地，一定会吃惊。即使少女歌曲工巧，青楼美梦的诗意很好，也难以表达出深厚的感情。二十四桥仍然还在，桥下波浪粼粼，凄冷的月色，处处寂静无声。怀念桥边的红芍药，可知道它每一年替什么人开花繁生。

【义理揭示】

冬至是一年中白天最短、黑夜最长的一天。古人有"阴极之至，阳气始生，日南至，日短之至，日影长之至"的说法，冬至过后，气候进入最寒冷的阶段，也就是人们常说的"进九"。《九九歌》唱道："一九二九不出手；三九四九冰上走；五九六九沿河看柳；七九河开八九雁来；九九加一九，耕牛遍地走。"冷在三九，当人们数完九个九天，冬天也就过去了。古人早就洞察了寒暖相生的规律，杜甫在《小至》"冬至阳生春又来"讲的就是这个道理。在古代，冬至还不单单是一个节气，同样也是一个重要的节日。《汉书》中说："冬至阳气起，君道长，故贺。"冬至日作为循环往复的开始，应备办饮食、享祭先祖以资庆贺。直到今天，还有一些地方把冬至作为节日的习俗保留下来。

自隋唐以来，扬州富庶一方，是繁华都市。南渡之后，连遭侵江，繁华不复。姜夔于宋孝宗淳熙三年的冬至日经过此地，面对满目萧条的景象不由得生出今时不同往日的感叹，写就此词，并谱写了曲相和。"慢"原是词曲的一种，唐代诗人杜牧长于歌咏扬州之景象，为后人称道，因而这首词中多化用杜牧的诗句。

文化倾听

翻开日历，整齐的阿拉伯数字下方的农历标注旁时不时会出现"立春""雨水""惊蛰"一类的词语，细细算来总共24个，它们便是古人的智慧杰作——农历二十四节气。

在人类还未翻开科技促进农业生产的华丽篇章时，我们的祖先经过长期对气象、物候的感知和总结，探索出反映霜期、雨水变化规律的二十四节气。地球绕太阳公转一周是一年，五天为一"候"，三候为一"气"，全年因此划分为七十二候、二十四气。目前看来，农历中二十四节气的创生反映了先民对天时、地利、人和三者和谐归一的深刻领悟，是人类对原生态农业生产"谦和"又平等的回应。自西汉起，二十四节气历代沿用。农民参照它安排农事活动，做到不误农时，优化生产程序。

二十四节气名字的提法也颇有意思，浅白易懂，从字面上就能了解这个节气的大概。"立春"取春季的开端之意；"惊蛰"一词里的"蛰"是藏的意思，严冬蛰伏在土中，无法觅食的虫类在听到春雷后纷纷出了洞；"小满"表示部分地区的庄稼已结籽，将满未满之状；"霜降"是重阳节前后，雨量逐渐减少，伴随而来的是霜冻现象的出现……

明显的气象、物候特征引发了古人吟诗诵赋的兴致，于是，以节气为对象的文学作品横空出世，它们有的朗朗上口、便于传诵，有的清新脱俗、饶有趣味。清末同治、光绪年间，苏州著名弹词艺人马如飞新颖别致地用节气和戏剧名称编写了一首《节气歌弹词》进行演唱，深受广大听众欢迎。这首弹词可谓独具匠心，不仅文词典雅，巧嵌节气、戏名，而且与当时物候丝丝入扣，浑然一体，闻者无不叫绝。其词云：

西园梅放立春先，云镇霄光雨水连。惊蛰初交河跃鲤，春分蝴蝶梦花间。

清明时放风筝误，谷雨西厢好养蚕。牡丹亭立夏花零落，小簪小满布庭前。

隔溪芒种渔家乐，义侠同耘夏至田。小暑白罗衫着体，望江亭大暑对风眠。

立秋向日葵花放，处暑西楼听晚蝉。翡翠园中零白露，秋分折桂月华天。

烂枯山寒露惊鸿雁，霜降芦花红蓼滩。立冬畅饮麒麟阁，绣襦小雪咏诗篇。

幽阖大雪红炉暖，冬至琵琶懒去弹。小寒高卧邯郸梦，一捧雪飘空交大寒。

如果说上面的这首弹词是一人弹唱二十四节气，那么，至今留存的节气诗则将二十四节气演绎得多姿多彩。

首先，节气诗词里有古人在不同季节里从事农事活动的真实写照，不仅留下农家辛勤劳作的印记，而且还涵盖了丰富的内涵，是对农民生活喜怒哀乐的情感表达。这些诗篇重现了古人对大自然最原始而又自然的回应。历史上，许多文人栖居田园，躬耕陇亩。他们所创作的诗篇不仅对节气的自然风貌观察入微，更对农家生活有切身的感受。比如"田家少闲月，五月人倍忙。夜来南风起，小麦覆垄黄。妇姑荷箪食，童稚携壶浆。相随饷田去，丁壮在南冈。足蒸暑土气，背灼炎天光。力尽不知热，但惜夏日长。"写的就是芒种时收麦的景象，为了不耽误农时，往往全家老少一起出动，好一幅抢收的画卷。又如

范成大的田家组诗，结合节气，还原了四季不同的景色，体现了农民生活的艰辛，引起世人对农民喜怒哀乐的关注。

其次，节气诗词中反映了历代节气丰富多彩的民间风俗习惯。春花秋月、夏风冬雪，节气的更迭不仅意味着物候的变化，同时也是诗词歌赋里有关节日的传说、习俗等。

《礼记·月令》记载："立春盛德在木，天子乃齐。立春之日天子亲帅三公九卿、诸侯大夫以迎春于东郊，还返赏公卿诸侯大夫于朝。"后世历朝历代都有不同形式的迎春活动，有的朝代还举行隆重的迎春大典。到唐宋时期，立春日还有盛大的春祭活动，人们身着新衣，打着幡、伞盖，用彩杖鞭打纸糊的春牛春象，意为"打春"；明清以来，民间增添食青菜、迎土牛、浴蚕种、喝春茶等习俗。

在涉及二十四节气的诗词中，也尤以这三个节气的诗词为多。可见，二十四节气从开始的农业历法逐渐成为集民间传说、习俗、活动为一体的文化传统，显示出特殊的文化底蕴和人文内涵。从这些用词典雅、饶有趣味、含蓄有致的诗词中，后世之人仿佛穿梭于不同时代，找到心灵的契合点。

文化传递

季节更替、气象变化、星辰运转、昼夜更迭，在农耕时代，古人发现了事物的运动与农业生产规律间的种种联系，经逐步总结最终形成节气。时至今日，揭示世间万物万象生息的节气在农业生产、医药保健等领域依然是重要的探究对象。它不仅是自然文化的表征，也是自然与人文间的超越，传统的历法在今日仍然熠熠生辉。

节气是一种命令

毕淑敏

夏初，买菜。老人对我说，买我的吧。看他菜摊，好似堆积着银粉色的乒乓球，西红柿摆成金字塔样。拿起一个，柿蒂部羽毛状的绿色，很翠，硬得硌着我的手。我说，这么小啊，还青，远没有冬天时我吃的西红柿好呢。

老人明显不悦了，说，冬天的西红柿算什么西红柿呢？吃它们哪里是吃菜？分明是吃药啊。

我很惊奇，说怎么是药呢？它们又大又红，灯笼一般美丽啊。

老人说，那是温室里煨出来的，先用炉火，再用药熏。让它们变得不合规矩的胖大，用保青剂或是保红剂，让它比画的还好看。人里面有汉奸，西红柿里头也有奸细呢。冬天的西红柿就是这种假货。

我惭愧了。多年以来，被蔬菜中的骗局所蒙蔽。那吃什么菜好呢？我虚心讨教。

老人的生意很清淡，乐得教诲我。口中吐钉一般说道——记着，永远吃正当节令的菜。萝卜下来就吃萝卜，白菜下来就吃白菜。节令节令，节气就是令啊！夏至那天，太阳一定最长。冬至那天，亮光一定最短。你能不信吗？不信不行。你是冬眠的狗熊，到了惊蛰，一定会醒来。你是一条长虫，冷了就得冻僵，会变得像拐棍一样打不了弯。人不能心贪，你用了种种的计策，在冬天里，抢先吃了只有夏天才长的菜，夏天到了，怎么办呢？再吃冬天的菜吗？颠了个儿，你费尽心机，不

是整个瞎忙活吗？别心急，慢慢等着吗，一年四季的菜，你都能吃到。更不要说，只有野地里，叫风吹绿的菜叶，太阳晒红的果子，才是最有味道的。

我买了老人家的西红柿，慢慢地向家中走。他的西红柿虽是露天长的，质量还有推敲的必要，但他的话，浸着一种晚风的霜凉，久久伴着我。阳光斜照在网兜上，那略带柔软的银粉色，被勒割出精致的纹路，好像一幅生长的印谱。

人生也是有节气的啊。

春天就做春天的事情，去播种。秋天就做秋天的事情，去收获。夏天游水，冬天堆雪。快乐的时候笑，悲痛的时分洒泪。

少年需率真，过于老成，好比施用了植物催熟剂，早早定了型，抢先上市，或许能卖个好价钱，但植株不会高大，叶片不会密匝，从根本上说，该归入早夭的一列。老看太轻狂，好似理智的幼稚症，让人疑心脑海的某一部分让岁月的虫蛀了，连缀不起精彩的长卷，包裹不住漫长的人生。

时尚有句俗语——您看起来比实际的岁数年轻，听的人把它当作一句恭维或是赞美，说的人把它当作万灵的廉价礼物。我总猜测这话的背后，缩着上帝的一张笑脸。

比实际的年龄苍老，就分明是坏的，丑的，值得悲怆的吗？

那人何必还要长大？还需成熟？龟缩在婴儿的蜡烛包里，永远用着尿不湿，岂不是最高等级的优越？

小的人希冀长大，老的人期望年轻。这种希望变更的子午线，究竟坐落在哪一扇生命的年轮？与其费尽心机地寻找秘诀，不如退而结网，锻造出心灵与年龄同步的舞蹈。

老是走向死亡的阶梯，但年轻也是临终一跃前长长的助跑。五十步笑百步，不必有过多的惆怅或是优越。年轻年老都是生命的流程，不必厚此薄彼，显出对某道工序的青睐或是鄙弃，那是对造物的大不敬，是一种浅薄而愚蠢的势利。人们可以濡养机体的青春，但不要忘记心灵的疲倦。

死亡是生命最后的成长过程，有如银粉色的西红柿被摘下以后，在夕阳中渐渐地蔓延成浓烈的红色。此刻你只要相信，每一颗西红柿里都预设了一个机关，坚定不移地服从节气的指挥。

[选自《中华活页文选（高一年级）》2010年10期]

文化感悟

1. 按先后次序写出二十四节气的名称，说说它们的由来，并对照日历找出今年的二十四节气分别在公历的哪一天。如写不出，可参照马如飞的弹词内容。

2. 谚语是一种广泛流传于民间的简练通俗而富有意义的"现成语"，它体现了人们对生活和生产的经验感受，是劳动人民的智慧结晶，你能说几句或写几句吗？可查阅有关的谚语词典作补充。